文經閣

文經閣

易經的智慧

中國最古老的經典

易經

窮則變，變則通，通則答，是亙古不易的生眞理

天行健，君子當自強不息，更是爲人處世的基本態度。

「易經」，所謂易則，易也；易則，不易也。

也就是說，易經是淺顯的道理，同時也是千古不易的眞理。

葉舟◎編著

序　人生的使命就是創新

《易經》這部書，不但是我國最古老的經典，而且自古以來，就被推崇備至，尊為「群經之首」。

《易經》仰觀天文，俯察地理，中通萬物之情；究天人之際，探索宇宙、人生必變、所變、不變的大原理；通古今之變，闡明人生知變、應變、適變的大法則，以為人類行為的規範，這一天理即人道的天人合一的哲學思想，稱作「天人之學」，為我國傳統文化的基礎，一切學術思想的根源，我國傳統文化的最大特色。

天尊地卑，天在上，地在下，乾坤的位置就這樣定下來了。

天地間萬事萬物由卑下微小到高尚壯大，雜然紛呈，又共居於天地之間。

天地萬物從小到大，從卑到尊自然排列。

動與靜有常理：動極必靜，靜極生陽，陽剛陰柔，自有分別。

到這裡，我們有必要說到精神，說到智慧，說到有無。

精神智慧之有無在於人。人有精神，人有智慧在於人在想人在動，精神、智慧又從無中來。正因為無，人們便可憑精神智慧去創造成功，也可能失敗。而無則無所不在，則所在皆有成功與失敗，或者吉凶禍福。人要知此結局，應該細細瞭解《易經》道理。

人各有道，物各有理；人以類聚，物以群分。此一方和彼一方，必然地有矛盾衝突，也必然地和平共處。這就是吉凶產生的原因，變化發生的內在動力。

道在中國人的智能中，真是至高無上。

什麼是道，陰陽結合，相反相成、相剋相生而已。它是規律，它是路線，它是方向。它並不存在，但它又與人與事與物同在，並且無所不在。所以，它又是發生、發展、變化，它是過去，是現在，更是未來。

玩味道理是一種樂趣，行動中觀察它的應驗與事理變化，物象變幻，證吉凶，算未來，上得天，下得地，中得人，趨吉避凶，一切吉祥如意，無往不利。這又如何不其樂無窮。

道理是虛的，人的行動卻是實在的。

君子立身處世，言語、行動是關鍵。

成功的路上，吉利的路上，人總是越聚越多；失敗的路上，禍患的路上到底也有人走，雖然不是願意的，這不願意只是在事後才後悔不及，永以為戒。所謂一遭被蛇咬，十年怕草繩。

然而成敗本無道路，只在眾人一心願往。

按道去做，那就是事件、事業。

運用道，神妙莫測；與道共舞，那就出神入化了。

吉凶善惡見卦爻，厲害得失在明察。卦爻是死的，人是活的。人活得聰明有精神便看得出卦爻風起雲湧，或日月光明。所以，人活卦活萬事活，成敗禍福全在君子一心。

《易經》，真是造物主失落在大地上的神奇的戲法。

然而，老老實實地說，人生於世，一切都是人的。《易經》是聖人神與物遊，神交天地的學問。正因為幽深，所以可以解釋天下人的心志；正因為玄妙，所以可以成就一切事務；正因為神奇，所以沒有效率卻有無往而不達的效率。

《明賢集》有句話：「但行好事莫問前程」，易學有句話：「善筮者不占」，孔子認為善學易的人是不必去用它占筮的，言外之意是用它來指導自己加強個人道德修養。占卜是為了掌握客觀規律，在主觀上如何努力，變不利變有利，不是要你憑僥倖抱幻想，十年學易終於使我懂得了這個道理。

易經六十四卦，是人生處世哲學的精闢論述。《風火家人》是女人卦，上九爻辭吉，以誠信治家終歸吉利；《雷水解》，上六爻辭吉，冤仇宜解不宜結；《山澤損》上九爻辭吉，犧牲自

己成全他人，終會有滿意收穫；《地山謙》上六爻辭吉，謙虛和藹處處受人尊敬，正義之師戰無不勝。壞的東西可引出好的結果，壞卦到上六爻而變好。

所以君子將有所作為則必問易，於是他便得到一個說法，有一個指引，於是安然無恙地走近未來。也有事與願違。這裡錯誤的只是人的判斷、決策，而不是易中的智慧。因為，易只指方向，只指道路，但道路、方向本身不是成功。一切都在時空中，路還得靠自己走，走快走慢，和誰一起走，路也要開岔，取捨即有吉凶成敗，易不能告訴人所有，全在自己把握。

所以，應當這樣說，陰陽交錯變化，數字錯綜推演，正如世事如棋，人心似海，這就是變化。知道變化，便可讀易經，便可用易經，也便知人事，亦可於此世界安身立命。

【易經的智慧】

01 人生要盡力爭取到好位置

是故列貴賤者存乎位

人生的高貴與下賤，完全在於「位置」的問題，到了某一個位置就「貴」，沒有到某一位置就「賤」。我們到廟裡去看神像，就有很大的感想，也可以懂得這個道理。

「列貴賤者存乎位」，人生的高貴與下賤，完全在於「位置」的問題，到了某一個位置就「貴」，沒有到某一位置就「賤」。我們到廟裡去看神像，就有很大的感想，也可以懂得這個道理。

一堆泥巴，或一塊石頭，一根木頭，雕成菩薩像，成了「像」，然後在大廟裡一擺，人人都去跪拜。他為什麼那麼貴？「存乎位」，在那個位置就貴了，很多事情都是如此，人也是如此。

看歷史尤其如此，歷代以來，有多少和諸葛亮一樣有學問的人！如果沒有像《三國演義》這樣的小說，諸葛亮能夠出名嗎？孫悟空根本就沒這樣一個人，可是被小說一寫，就如此走運。天下的事，對於名與利，把這個哲理一看通，就覺得沒有什麼，就淡泊了，非其時也就能居而安之，心安理得。

中國人的古語「福至心靈」很有道理。一個人到了某一位置——福氣來了，頭腦真是靈光，特別聰明。

很好的東西，很了不起的人才，如果不逢其時，一切都沒有用。同樣的道理，一件東西，很壞的也好，很好的也好，如果適得其時，看來是一件很壞的東西，也會有它很大的價值。

居家就可以知道，像一枚生了鏽又彎曲了的鐵釘，我們把它夾直，儲放在一邊，有一天當颱風過境半枚鐵釘都沒有的時候，結果這枚壞鐵釘就會發生大作用，因為它得其「時」。

還有就是得其「位」，如某件東西很名貴，可是放在某一場合便毫無用處，假使把一個美玉的花瓶，放在廁所裡，這個位置便不太對，所以「時」、「位」最重要，時位恰當，就是得其時、得其位，一切都沒有問題。

相反的，如果不得其時、不得其位，那一定不行，我們在這裡看中國文化的哲學，老子對孔子說：「君子乘時則駕，不得其時，則蓬萊以行。」機會給你了，你就可以作為一番，時間不

屬於你，就規規矩矩少吹牛。

孟子也說：「窮則獨善其身，達則兼濟天下。」這也是時位的問題，時位不屬於你的，就在那裡不要動了，時位屬於你則去行事。

《易經》認為，人也是物體，是有生命的物體而已。所以，人也有最佳的方位。

這樣的話，人就面臨著方位的選擇與調整。你適合在水邊還是多山的地方居住；是在南方適合你的發展還是在北方適合你的發展，這就成了你關注的問題。就像《淮南子》裡說的，同樣是橘，移到江北和栽在江南，就不一樣。

位置的選擇與重要，《易經》的每一卦都幾乎說到。

假如說，一個爻（就好比一個人）處在不正不中的位置，它的結果肯定不好。這在《易經》當中俯首皆拾。

比如恆卦，它下面的三個爻，分別叫初六、九二和九三。《易經》在分析這三個爻時，全部人格化。說初六是陰爻，頂頭有一個九四，陰陽相吸，處在最下方的初六，當然想一心上進，去與上面的九四會合。但中間隔著兩個爻——九二和九三，在這樣的情況下，如果初六不顧一切往上，強求與九四合作，即使動機正確，用心純正，也有兇險，前進不會有利。

這一爻的「象」說：初六在開始的位置，開始就要深入，所以兇險。

求變是對的，無可厚非。但凡事都要循序漸進，心太急，不顧一切地追求，會有兇險發生。相反，九二本身是陽爻，處在一個陰爻的位置上，屬於位置不當，或者說不正，本來是要後悔的。但由於三個爻，它處在中間，又不急於求動求變，所以後悔就消除了。

這說明中庸的原則很重要。要變，也要不偏不倚，要中正。

九三，是陽爻又處在陽位，位置正當，本來沒有什麼後悔的。正因為它正當，又正位，所以有恃無恐，過於剛強，而且與上面最高位的陰爻又相應（如果與人事比擬，上頭有賞識他的人），這樣，它一心上進，不安於原有的位置，不能堅守固有的道德，也許會因此而蒙受羞辱。即使你的動機純正，也難免恥辱。

這說明在求變之中，要堅持「自立立人」的大原則。不可出賣自己，不可出賣道德。

《論語》的《子路篇》中，記載著孔子的論述：「不恆其德，或承之羞。」當是由此引用。

不堅守道德，就得承受羞辱。

生活既然是一個變數，那我們就有不可預測的人生。

變，在你不經意之中。

古人說，樹挪死，人挪活。人不可能吊死在一棵樹上。這是人在不如意的時候常說的一句話。但人如果如意的時候，絕對不說。人有惰性，主動求變的，不會很多的。只有當不變不行

了，才變，這樣的人多之又多。

但人不可能是一隻旅行袋，那樣會累。所以，祖先經過千辛萬苦，才把家的模式找到了，固定下來。《易經》的《序卦》解釋家人卦時說：「傷於外者，必返其家，故受之以家人。」家，是人們棲息的地方，是舐治傷口的地方。但如果一個人，一直待在家中，沒有走出家門，他永遠是小孩。人的成熟，是在路途中，而不是在家裡。

只有用自己的腳板，才能丈量出世界的大小、測出人心的冷暖。

變中求靜。靜中求變。

不變也得變。

變是常數。我們時時刻刻都要面對著變。

所以，我們有眼睛，有手，有腳，還有心。

眼睛，手，腳，和心，還有一個看不見的意志，都是造物主賜給人類應付變化的。

所以，做人做事就是要努力給自己創造好時機，爭取到好位子，也就是能讓自己發揮才能的位子，大幹一番事業，自然能大富大貴。

「我該從事什麼樣的工作？」「哪個行業適合我？」每個走向職場的人都將面臨這樣的困惑。俗話說「女怕嫁錯郎，男怕入錯行」。其實在現代的職場中，無論男女，都怕入錯行。如何充分發揮自身的優勢，實現人生價值，已成為每位求職者關注的重大問題。

選擇職業時應首先考慮到個人發展與價值體現。在顯示自己個人價值和追求物質待遇時，一定要學會擺脫「就業掙錢，養家糊口」等狹隘觀念的束縛，在社會、市場需要的座標中尋找自己的位置。選擇適當的職業有利於個人潛力、精力的充分發揮，能夠實現個人的自身價值。

每一個人，都有其優勢，有其缺陷，有其長處，有其短處，一個人，如果不能清楚地認識自己，選行業時不知道自己生性活動不適合坐下來研究東西卻選了研究部門，創事業時不知道自己更適合當歌星而選擇搞企業，能充分發揮自己的極致嗎？

因此，認識自己很重要。要做真正的聰明人，要想發揮自己的極致，除了環境，更重要的是認識你自己。

古剎裡新來了一個小和尚，他積極主動地去見方丈，殷勤誠懇地說：「我新來乍到，先做些什麼呢？請前輩支使和指教。」

方丈微微一笑，對小和尚說：「你先認識、熟悉一下寺裡的眾僧吧。」

第二天，小和尚又來見方丈，殷勤誠懇地說：「寺裡的眾僧我都認識了，下邊該做什麼了？」

方丈微微一笑，洞明睿犀地說：「肯定還有遺漏，接著去瞭解、去認識吧。」

三天過後，小和尚再次來見老方丈，滿有把握地說：「寺裡的所有僧侶我都認識了，我想有事做。」

方丈微微一笑，因勢利導地說：「還有一人，你沒認識，而且，這個人對你特別重要。」

小和尚滿腹狐疑地走出方丈的禪房，一個人一個人地詢問著、一間屋一間屋地尋找著。在陽光裡、在月光下，他一遍遍地琢磨、一遍遍地尋思著。

不知過了多少天，一頭霧水的小和尚，在一口水井裡忽然看到自己的身影，他豁然頓悟了，趕忙跑去見老方丈……

真正地認識你自己，有沒有正確地給自己「定個」合適的、能發揮你的極致的「位」。沒有什麼好專業，也沒有什麼好「門」，如果能發揮你的極致，壞專業壞門道也會變成好門道好專業，如果不能發揮你的極致，入對好專業好門道，你也只能是個「混混」。

多少人哀歎「生不逢時」，哀歎「英雄無用武之地」，哀歎「入錯門」「選錯郎」，為何哀歎，只因你不能認識你自己。

在人生多向的路口中，用自己的心去擇一條能令自己開心的路，然後努力耕耘，必有收穫；路已擇定，各有自身的優勢，真地不必去理會別人的冷眼或喝彩。自己盡力而為，唱好屬於自己的節奏，不同的路也就「殊途同歸」，獲得完全一樣的掌聲！

02

人生而平等，結果則迥異

齊小大者存乎卦

生，使我們站在同一起跑線上；死，使卓越的人露出頭角。

「齊小大者存乎卦」，卦就是現象，也就是大的現象、小的現象。現象有大小，一個人的成功失敗也有大小。有如發財，甲發得多，乙發得少，這有大小，但立腳點是平等的，不管大小卦都是卦，都是一個現象。

莊子的書中有《齊物論》，何以名「齊物」？

萬物不能齊，沒有平的。人的智能、學問、體能都是不平等的。即使有兩人體能一樣，其中一人生病了，另一人為了平等也生病嗎？物是不能齊的，但是莊子提出來有一項是齊的——本體的平等。如太空是平等的，太空中萬物的現象是不平等的。

所以莊子有一句話很妙，他說「吹萬不同」。孔子研究《易經》講究「玩」，莊子講究「吹」。吹萬即萬有。他以風來比方，他說大風吹起來，碰到各種的阻力發出各種不同的聲音，意思是說，風吹來是平等地吹，而萬象遇到風以後，自己發出的聲音不同。

世事變幻無常，人生有旦夕禍福……每個人都有權利去追求自己的幸福，但人生的結局往往出乎意料與想像之外！有的人勞碌平凡一世，有的人經歷大起大落，傾家蕩產；有的人平步青雲，富貴榮華一生；有的人為情所困，終生痛苦；甚至有些人不堪忍受失敗，走上自毀道路……命運是否真的這麼不公平？

「生，使我們站在同一起跑線上；死，使卓越的人露出頭角。」

不禁想起拉薩爾的一段話：你不能在水杯中掀起風景，風景喜愛寬廣的平原，在那裡它才可以猛烈地呼嘯。結局的不同，是源於你年輕時的目標確定與否。

比如，先知大衛王，他曾寫道：「人心中所想的，便能成為那樣」；又如愛默生的心智：「偉人便是那些領悟出思想能統治世界的人」；譬如失樂園作者密爾頓的心智：「心智所在之處，它本身便能化天堂為地獄，化地獄為天堂」；還有莎士比亞那驚人而具感受性的心智，他觀察到：「事物本無好壞，除非思想從中作怪！」安徒生說：一個年輕的時代是一個奮鬥的時代，一個拼搏的時代。

有一年，一群意氣風發的天之驕子從美國哈佛大學畢業了，他們即將走向社會。他們的智力、學歷、環境條件都相差無幾。在臨出校門前，哈佛對他們進行了一次關於人生目標的調查。結果是這樣的：二十七%的人沒有目標；六十%的人目標模糊；十%的人有清晰但比較短期的目標；三%的人有清晰而長遠的目標。

二十五年後，哈佛再次對這群學生進行了追蹤調查。結果又是這樣的：

三%的人，二十五年間他們朝著一個方向不懈努力，幾乎都成為社會各界的成功人士，其中不乏行業領袖、社會精英。

十%的人，他們的短期目標不斷地實現，成為各個領域中的專業人士，大都生活在社會的中上層。

六十%的人，他們安穩地生活與工作，但都沒有什麼特別成績，幾乎都生活在社會的中下層。

剩下二十七%的人，他們的生活沒有目標，過得很不如意，並且常常在抱怨他人、抱怨社會。

其實，他們結果不同的原因僅僅在於：二十五年前，他們中的一些人清楚地知道自己的人生目標，而另一些人則不清楚或不很清楚。

也許人生的命運軌跡不易改變，但過程中的感受與所選擇的「交通工具」卻可以改變。人不同於一般動物之處是人具有高級思維能力，因此人就無法和動物一樣渾渾噩噩生活，人的行動必須有目標。而高貴的生活是目標創造的。

目標必須明確，才會為行動指出正確的方向，才會在實現目標的道路上少走彎路。漫無目標，或目標過多，或不切實際，都會阻礙我們前進，最終可能是一事無成。

人生的結局最終是死亡，人生的意義在於死亡的過程，如果忽略那些死亡前的花絮，人生就空空如也。許多人的生活，都沒有抱一個目標、理想，只是得過且過，不知到底是為什麼生活？這種人只好虛度一生，把一生無意義地度過去罷了。

享樂主義的人，認為人生最高的目的，在於追求快樂、逃避痛苦，但是在此苦海中生活的人類，總是逃不了苦難的。較有大志的人，即抱著「竭盡所能，貢獻社會，改造世界，造福人類」之人生觀，而以立德、立功、立言為人生之目的。

強烈的成功動機主要靠內部激發。沒有激情成不了大事，這裡的激情，就是指對成功的渴

望，從內心裡激發出來的對成功的追求。當你把目標與自己一生的使命相聯繫時，你會發現人生的每一天都有它確定的意義。所以，明確自己人生的大目標，對把握好目標有直接的促進作用。

遺憾的是，有相當多的人是隨波逐流地生活著，他對自己的人生沒有任何目標，要嘛認為時間還長著呢，要嘛認為「一切自由天安排」。這些對自己的人生沒有任何設想的人，是很難激發起平時學習和生活中的動機與激情的。

認識到自己的責任與使命，並願意為之付出努力，是內部激發成功動機的最直接的方式。無論通過何種方式激發自己的成功動機，有一點是明確的，即這種動機越早激發越好。因為它將引導自己的行為。

有道是：「凡事豫則立，不豫則廢」，千真萬確。對自己做的或將要做的事沒有任何準備，就是在為失敗做準備。

實際上，學會制訂每一階段的計畫，不僅僅是一個學習習慣的培養問題，也是一個對運籌能力的

鍛鍊過程。一份切實可行的學習工作計畫，要綜合考慮自己的發展水準，充分把握並有效利用自己的作息規律，還有對學習、工作的合理搭配等等。

可以說，一份好的學習工作計畫，就是一個小而全的系統工程。它能整合各種學習工作以達到最優，從而大大提高學習工作效率。如果你每天每週的計畫都能完成得很好的話，那麼你所盼望的成功，實際上是一個水到渠成的結果。

有計劃地學習工作，最關鍵的因素是按計劃實施的決心和毅力，它是對個人自覺性和自制力的最大挑戰，只有那些經受了這一挑戰的人，才有機會獲得成功豐厚的饋贈。

所以，人生需要策劃，人生在於策劃。有了科學的策劃，人生就有強大的動力，就會產生堅忍不拔的意志。

人生策劃是建立在自知、自查的基礎上的。瞭解自己，瞭解環境，這是成功的法則。在知己知彼以後，需要對自己合理定位。人不是神，有很多不足和缺陷，對自己期望過低、過高都不利於成長。

每個人都有自己的風格，對人生的設計不能強求一致。人生策劃，根本在於為自己的發展描繪一個整體的結構。規劃好自己，才可能把握住未來。讓智慧的理想變成現實。精心謀劃最適合您個人的美好人生藍圖、瑰麗人生要素。

03

胸懷有多大成就就有多大

地勢坤，君子以厚德載物。

沒有正直和正義之心、之行，就不會高屋建瓴；不高屋建瓴，就不能有大的胸襟和胸懷，去包容萬物萬事。

《易經》的坤卦裡說：「象曰：地勢坤，君子以厚德載物。」

有一個電視節目，好像叫「成功人士談成功」吧，一位臺灣到上海做生意的女士，曾談到成功的「三本」：本錢，本事和本人到場。

這「三本」是指生意而言。所以，第一本就是本錢，然後才是本事和本人到場。

這是個人的生活體驗。但從《易經》的層面上理解，這「三本」確實也談到了一些人生成功的要素。

一個人，無論他從事什麼樣的職業或工作，這本錢是不可缺少的。

本錢對於不同的工作、不同的環境、不同的對象，有不同的理解和要求。老闆需要一些雇員下河撈沙，雇員最大的本錢是身體強壯，適合在水裡長時間泡浸。老闆需要一位櫃檯收銀員，這位收銀員最大的本錢應該是誠實、厚道，而不在於會算、小心。會算、小心也重要，但它僅僅是基本本錢，而不是最大本錢。老闆如果需要推銷員的話，那麼勤快、能說會道，是最大的本錢。

如果人生是一場拼搏，是一場「生意」，那麼，你有什麼樣的本錢，就應該做什麼樣的生意。這是成功的第一要訣。

《易經》全書六十四卦，幾乎都在強調人的「本錢」的積累。這個本錢，是指道德與精神。《易經》是一本說「變」的書。變是天道。變是永遠。不變是暫時。所以，《易經》認為，什麼事都可以變化，並且可以預測（或者說預知）。如果有不能預知（預測）的，那麼就是客觀太強大，事情太糟糕。這樣的情勢，就是我們一般人常說的「想都沒有辦法想」。另外一種情形就是，你這個人用心太壞、太險惡，所以事情不能預測。即使能預測結果，也是不準的，因為你有悖天理人情。《易經》講究因果關係，講究「正」。如果你不中不正，老天也幫不上你的忙。

《易經》中有一個著名的故事，說明假如你不中不正，占卜有結果也沒有用處。一位王母與姦夫一起，為了竊國陷害天子，結果事情敗露。她去占卜，得了一卦，卦師告訴她：可以走，還是吉。但王母自己都知道死期已到，不會脫身走得了的。她說：像我這樣不忠不貞的人，做了這樣不中不正的事，即使得了好卦，有了指點，也不會逃脫得了。此事不可占也！

由此，君子應當效法大地，以寬厚的德行，負載萬物。做人首先要寬厚為懷。這是基礎。坤卦的第二爻辭說：「直、方、大，不習無不利。」古代有一個說法：天圓地方。所以《易經》教導人，只要你像大地一樣坦蕩、一樣筆直，又極為廣大，如果你具有了「直」、「方」、「大」這樣的德行（或者說底蘊），不需要學習，也不會不利。

這裡強調了厚德的基本原則是，直率、方正、寬大。正直，端正，廣大，具備這樣的品質，即使不學習也不會有什麼不利。

直，是公正無私的正直；方，是處世果斷有方的才幹；大，是寬大為懷的氣量。這是每一個人處世必須具備的人格魅力。

拿破崙手下一位將軍在一次軍官會議上說：

> 在很短的期間內，你們之中的每一個人都將控制另外某些人的生命。你們將領導一些忠於國家但未經訓練的公民，他們將接受你的指揮與領導。你所說的話就是他們的法律。你隨口說出

的每一句話都被他們銘記在心。你的態度將被模仿。你的服裝、你的舉止、你的言談、你的指揮態度，都將被模仿。

當你加入你的部隊時，你將發現，有這麼一群人，他們對你並無所求，只希望你能表現出一些才能，獲得他們的尊敬、效忠與服從。他們已準備妥當，急於追隨你，只要你能使他們相信你具有這些才能。當他們認為你並未擁有這些才能時，你最好自己揮手道別吧。你在那個部隊中已經沒有任何用處了。

從社會觀點來看，這個世界也許可分為領袖與追隨者兩部分。各行各業有他們的領袖，金融世界有他們的領袖，在所有這些領導階層中，很難（如果不是不可能的話）分辨出純粹的領導才能以及個人成就的自私因素，沒有了這些，任何領導能力都失去了它的價值。

只有在軍隊方面，我們才能盼望領導者表現出最高尚、最公正的態度，因為，在軍中，人們願意為了信仰而毫不猶豫地犧牲生命，為了正義或阻止錯誤而願意受苦或死亡。因此，當我說到領導才能時，我是指軍事領導才能而言。

幾天之後，你們之中的大多數人都將接受委任，出任軍官。這些委任令不會使你成為領袖，它們只能讓你當一名軍官。它們將把你安置在一個位置上，只要你擁有正確的品行，你將在這個位置上成為一名領袖。但你一定要善待他人，而且要多多善待你屬下的人，而不是去巴結你的上司。

我們在讀這段演講時，也許不以為然，因為這是一位早已過時的、不知名的將軍的演講，是與現代社會有著很大距離的文化背景和時代背景下的即興表述。

可是我們要知道一位正直、有才幹、有心量的人，實際上就要具備指揮將士們衝鋒陷陣的大將處世風度。這種風度正是「直、方、大」綜合品質的凝結和發散。有了這種處世風度，不需要你親自上前線，仗一定能打贏的，這就是「不習，無不利」的秘訣。

廣大，必然存在了包容。

像大地一樣，容得下千奇百怪，容得下萬事萬物。

大地既容得下天麗日豔，也容得下狂風大作；既容得下百花爭豔，也容得下秋風蕭瑟；容得下春風得意，也容得下人生三九……

寬容，就會博大，就會豐富，就會輪回，就會長久。

寬容，也必定包含著正直。一個人自己不正直，無法做到寬容。

沒有正直和正義之心、之行，就不會高屋建瓴；不高屋建瓴，就不能有大的胸襟和胸懷，去包容萬物萬事。

《左傳》說了一個故事。有一個叫南蒯的人，羽翼豐滿了就想謀反。你說這種人能寬容人嗎？他想起事，還占了一卦，剛好是坤卦的「六五」爻。爻辭說：「黃裳，元吉。」春秋戰國時期，盛行「東、南、中、西、北」的說法，中代表黃色。

皇帝的衣服為什麼要用黃色就是從這裡來的，黃色代表「中」，代表「中心」。那「黃裳，元吉」就是說，有成功的可能，有取代中心的意象，爻辭又明顯說「元吉」，於是他就非常高興，摩拳擦掌。但子服惠伯規勸他說：「忠信的事，則可；不然必敗。」接著，給他解釋：黃是中色，裳是下飾。你要得到元吉，必須謙遜，藏好自己的文韜武略。什麼叫黃裳呢？最初的說法是，士以上身份的人穿黃色的褲子，上身穿黑色的禮服，禮服很長，罩著黃褲子，只露出一點文采，象徵著一個人的美德。

只要你能夠寬容，一般來說，會成功。

按照《易經》的說法，直即正，方指義。如果一個人能夠以敬畏和謹懼的態度，使內心正直，又能以正義的準則作為自己外在的行為規範，他的德行就不會孤立。如果不孤立，得到大家的擁護，離成功還遠嗎？

所以說，正直，有原則，寬大，用不著學習，也不會有不利。

不會學習都有利，那再學習，不就是很大的成功了嘛！

寬容的表現，有一大特色就是溫和、溫柔。

《易經》的作用，完全在陰陽。陰陽生八卦。孔子說：進入《易經》，有一個門。這個門就是陰和陽。

《易經》裡所指的「溫柔」，有三層意思。溫柔是一種美德，但首先要儲蓄隱藏，這溫柔是天成自然，不是做給別人看的，不是表面功夫；第二層意思是有功不自持，好比大地生育萬物卻歸功於天、歸功於太陽（過去常說「萬物生長靠太陽」，其實首先靠地，沒有太陽可以用燈光照耀代替，但那個說法是一個傳統的說法、一個謙恭的說法）；第三層意思是服從，因為按照《易經》的說法，溫柔屬陰，陰指地，指臣，指妻（相反，

陽指天，指王，指夫），溫柔就要有大地的原則，為臣的原則，為妻的原則。

針尖對麥芒，不是溫柔。綿裡藏針，也不是溫柔。

溫柔，不僅僅是一種態度，還包括人生價值的取向。

有天地，然後有萬物；有萬物，然後有男女；有男女，然後有夫婦；有夫婦，然後有父子；有父子，然後有君臣；有君臣，然後有上下；有上下，然後禮儀有所措。

知天地、萬物、男女、夫婦、父子、君臣、上下，然後懂禮儀。有了禮儀，才知寬容。

寬容既是立身之本，也是創業的藝術。

每個人都會有不如意，每個人都會有失敗，當你的面前遇到了傾全力但仍難以逾越的屏障時，請別忘了：生活需要寬容。

寬容意味著給予，給予別人能使自己變得更加豐富。刻薄意味著攝取，攝取得再多也容易乾涸。寬容是有力量的表現，而刻薄卻是力量不足的流露。

寬容是人類情感中最重要的一部分，這種情感能融化心頭的冰霜，驅散眉宇的陰翳，煥發出重整旗鼓的力量，使你留得青山，可圖再起。

寬容是一種無聲的教育，「惟寬可以得人」，寬容最終將使傷害你的人情願或不情願地走向道德法庭的被告席位，或者受到這寬容的巨大感召，放棄傷害，歸順於美好的人際中來。

寬容是人類性情的空間，這個空間愈大，你的情緒就會有轉折的餘地，就愈加不會大動肝火，糾纏於雞蟲之爭；寬容別人，給別人留條後路，別人才會報之以寬容，這也為自己留下了餘地；從某種意義上說，寬容別人也是寬容自己，保護自己。給別人留一些空間，你自己將得到一片藍天；一個寬容的人，到處可以契機應緣，和諧圓滿，微笑著對待人生。正所謂：「退一步海闊天空」。

寬容是心境，是涵養，是境界；它是處世的經驗，待人的藝術，為人的胸懷。

失敗時，多一份寬容，停止對自己的申訴，驅散「一朝被蛇咬，十年怕井繩」的陰影，心中就會少一分懊悔，少一分沮喪，就有了「勝敗乃兵家常事」和「盡心焉而已」的自慰，就能在心底扶起一個堅強的我。

人人多一分寬容，人類就會多一分理解，多一分真善，多一分珍重與美好，生活中的酸甜苦辣也將化作五彩的樂章。

觸摸一脈黃土，就感受到整個中國地氣的淳淳；腳踩一方空間，就感受到所有炎黃子孫的寬容。人生應厚似黃土，深似空間，屢歷苦難而不萎，榮寵而不驚，那是入得境界的。

04

無論何時都要站得正，行得正

辨吉凶者存乎辭

如果說處世真有什麼技巧可言的話，那麼，純樸，則是最高的人生智慧，是一種大寫的人生。

「辨吉凶者存乎辭」，什麼是吉凶悔吝？「存乎辭」，凶悔吝在於各人的觀念，各人的看法。「憂悔吝者存乎介」，這是說卜到悔吝卦的時候，憂慮到悔吝，就要獨立而不移，下定決心，絕對要站得穩，端端正正。即使到了倒楣的時候，自己能站得正，行得正，一切都可以改變。

有個人非常貧窮，無以自立，但志行高潔，從不做非法、非禮的事。因家裡實在太窮，無法生活，他就去給一些商人當僕人。

這些商人帶著這個窮人，一齊入海採寶。他們採到了不少寶貝便張帆返航，但是到半路不知怎麼船停了下來，無論怎麼划槳也無法讓船前進半步。

所有商人無不驚恐萬狀，知道是因為採寶而得罪了海神，海神來懲罰自己了。於是連忙跪下祈禱，請海神放他們一條生路。

而那個窮人，因為自己平生不做虧心事，所以沒有參與他們的祈禱。

船之所以開不動，果然是因為海神作怪。海神有心想懲罰這些褻瀆了自己的商人，但船上的這個窮人可是好人，不應連累他。他想來想去整整想了七天，終於想出一條妙計。

海神想：「讓我考驗一下這些商人吧！如果他們經得起考驗我就饒恕他們；如果他們經不起考驗，那我施行懲罰時，也不會連累了那個窮人。」

船在海上整整停了七天，一動也不能動，商人們都急壞了。

第七天夜裡，一個商人做了個夢，夢見海神對他說：只要你們把船上的這個窮人送給我當犧牲品我就放你們走。他醒來之後，把這個夢告訴了其他人。他們正秘密商議如何處置時，窮人知道了這件事。

窮人慨然說：「好吧！就讓我做海神的犧牲品吧！不要因為我一人，而連累你們大家。」

商人們一聽窮人自願犧牲，高興極了，因為這樣便少了許多麻煩。他們準備了小木筏，在木筏上放了些水和糧食，讓窮人上了木筏之後，就揚長而去。

海神見到這情況便捲起一股大浪把商人們的船打翻，使他們個個葬身魚腹。同時，又吹起一股順風，把窮人的木筏直送到岸邊。窮人就這樣安全地回到家鄉，與妻兒團聚。

你有你愛做的事，才能使你更有魅力，你愛做的事和做事的風格能體現你的個性，你的個性決定了你的創造力。隨波逐流的人僅能製造與別人重複的東西。所以，你要創造，就要選擇你愛的事做。你愛做的事也許不會帶給很多錢，但你依然會得到幸福和自由。人生有兩條路，一是為了大富大貴而不擇手段，一是做你愛做的事。前者可遇不可求，後者是你無悔的選擇。

人有本能、聰明和直覺。在學會聰明之前，本能得到充分的發揮。本能不需清醒。讀書學習是一種教育，目的是讓人聰明，遏制或控制本能。聰明需要清醒。直覺是不經思考的判斷力，是一種超越聰明的本能反應。直覺是在本能得到充分清醒的發揮，又在完全清醒的喪失後的聰明。

得到所求是你個性的實現，你所實現的也僅有你潛力的極少部分，而且你的人生經歷顯現出的又只有其中的極少部分。不求盡善盡美，只圖人格的完整。讓人接受你的風格，而非讓人根據你一時的失誤來評價和判斷你的價值。展現你的亮點並不斷地提高你的技藝，使你做得更好。

富貴從來都是夢，未有聖賢不讀書。一生有太多的是不能控制和改變，但你可以控制和改變自己。改變不良習慣，培養良好性格，堅持學習新鮮事物，順境節制，逆境堅韌，必能達到窮則善己達則濟世的人生理想。

現代化高節奏所伴生的優勝劣汰、適者生存以及隨之而來的工作、生活、事業、愛情……的壓力已使都市的人們不堪重負。人與人之間關係的複雜化卻更似一道無形的精神鎖鏈，扼殺與噬咬著那原本純樸、善良、閃耀著自然人性光輝的心。

於是乎，一種種圓滑的處世技巧，一本本闡述人際關係的書便如蠅返臭，應運而生，成為人們街談巷議追求模仿的對象。這個城市也因此多了一分爾虞我詐與勾心鬥角，人們生活在一個笈笈可危、四面楚歌、人情冷漠的氛圍中。久違了那人間的真善美，久違了那失卻的伊甸園，久違了那分純真與樸素。

人，似乎總要有失去的那一天才知道去珍惜，似乎總要在自我的麻煩、自設的障礙中撞得頭破血流、遍體鱗傷，才懂得去珍藏那份至真至純的感情——純樸。

純樸，是一種人生涵養的高境界，是一道亮麗的風景線，是一種超脫和對生命本質的最好詮釋。曾幾何時，當這個時代的一夜情、包二奶……等病態的潮流使城市變得不再純潔時，純樸，就像一支空氣清新劑、一味良藥，淨化和醫治著這個創傷的城市與人群。純樸，又如一道生命的豐碑，永遠鐫刻著大海般寬容博大的胸襟。

純樸，就是永遠遠離矯揉造作與虛情假意。它是一個人涵養與人品的體現，是一份善良與率

直的無私的心，天真而不受物欲所蒙蔽。坦坦蕩蕩、光明磊落，寬容地去接納所有的人和事。置身這陌生的都市，伴隨著霓虹燈動盪閃爍的光影，純樸，是人生旅途上一聲溫暖熱情的問候，是一份無私的幫助。它，讓心靈的沙漠變成水草肥美的綠洲，讓人間充滿關愛。這純真的愛，將伴隨著善良的我們走過一個又一個陽光明媚的日子，一個又一個春花爛漫的美好年華……

純樸，不是叫我們一味地專門逃避與躲藏現實，而是一種處變不驚與對人生的不懈追求與挑戰。當命運之神不再垂青，當噩運像那頻繁造訪的不速之客時時光臨，純樸，就是坦然地去面對，不做無謂的逃避，勇敢地去直視生命，不卑不亢處世；春風得意之時，能潔身自好，雖身居鬧市，而能不迷失於紙醉金迷，保持純真率直的個性。到「富貴不淫貧賤不移」。純樸，更是一座大山，教人信賴，讓人依靠。

如果說處世真有什麼技巧可言的話，那麼，純樸，則是最高的人生智慧，是一種大寫的人生。

05

懂得謹慎反省與改正錯誤

震無咎者存乎悔

要特別小心，人不會沒有錯，隨時有錯，善於反省自己的錯誤，加以改正，就是真正到了無咎的時候。懂得小心謹慎反省與改正錯誤，這是最高的哲學。

「震無咎者存乎悔」，無咎就是善補過也。人生沒有絕對自己不錯的，只要知道懺悔，懺悔的結果就是要補過。

「吉凶者，言乎其失得也。悔吝者，言乎其小疵也。無咎者，善補過也。」

無咎，就是「沒有毛病」，但並不等於「好」，而是在進退之間要注意。換言之，「無咎」是沒有大錯誤。從這裡可以看到《易經》的哲學，一個人到了平安無事的時候，這情形又怎樣？

孔子說「善補過也」，要特別小心，人不會沒有錯，隨時有錯，善於反省自己的錯誤，加以

改正，就是真正到了無咎的時候。因此我們做事業要儘量地謙虛，倘自認絕對沒有毛病，這是靠不住的，天下事沒有這麼好的。「善補過也」還是好的，懂得小心謹慎反省與改正錯誤，這是最高的哲學。

益（風雷益）卦辭講：風雷，益；君子見善則遷，有過則改。

改正錯誤、修理缺點要堅決果斷，雷厲風行。這也是檢驗人有沒有修道的誠心的方法。有了錯誤不立即去改正，反而藉故拖延，找藉口掩飾，那一定不是道心高強的人。

孔子云：「見賢思齊，見不賢而內自省也。」不斷地向比自己德行高的人學習才能增益道德，提高道德水準。故曰：益，德之裕也。

同時一定要有自省的精神，要有改過的精神。《論語．學而篇》中孔子的門徒曾參講：「吾日三省吾身：為人謀而不忠乎？與朋友交而不信乎？傳不習乎？」

有過則改才可以增益道德，提高修行水準。古人講：「人非草木，孰能無過，過而改之，善莫大焉。」這就是說，人生活在社會當中，會有各種各樣的過錯，但知錯能改不是很好嗎！

記得有一位學生問過我，他說，古人一日三省，請教我可曾一日三省？

我回答他說，現在我們所處的時代是「噴射時代」，一天只有早上、中午、晚上才反省一次怎麼夠，而是要具有高敏感度，時時刻刻都要能自我反省才對。

曾經有座寶藏，非常隱蔽，誰能得到它，就能得到永久的幸福，許多的英雄好漢都為去尋找它而付出了慘痛的代價。終有一天，有位絕世高手擊敗所有的人而尋到它，當它打開華麗的錦盒，看到裡面躺著的卻是一面鏡子，頓時大徹大悟，才真正理解幸福的涵義。

每個愛美的人都喜歡照鏡子，而照鏡子的目的是為了找出不足之處，從而加以修正，來完善自己。反之，如果只看見自己的長處和優點，也就失去了照鏡子的意義。

生活亦如此，當人生得意之時，沾沾自喜，孤芳自賞，沉浸在自我陶醉之中，忘卻了自己的不足，此時，自己的缺點展露無疑，毫無知覺，快樂和幸福會長久嗎？

給自己一面心靈的鏡子，時時為自己照一照，提醒自己，讓自己有先知先覺，及時發現自己的短處。人難免會有過失，但只要及時發現，從而下定決心及時改正，亡羊補牢，為時不晚，人生的道路才會走得踏實，一帆風順。

出錯是經常有的，一個人從幼稚到成熟，從一個未經風雨、不諳世事的孩子到一個飽經風霜、目光深邃的老人，他要出幾千次幾萬次的錯。出錯的精神就在於不固步自封，敢於嘗試，就在於不懈地努力探索，尋求正確的目標。

很多人對他人的出錯都持一種嘲笑的態度，對於自己出錯的事持一種僥倖心理。有些人害怕出錯，有些人厭惡出錯。其實想想，出錯何嘗不是一種人生積極的探索？能常常出錯何嘗不是

一種經常性的收穫？敢於出錯的人何嘗不是一個積極追求的人？

人的一生是由無數個錯誤裝點著的瑕玉，雖不完美但很真實。無數個錯誤是我們無數個走向成功的起點。錯誤使我們品格堅毅，性情堅韌，我們在無數次的出錯中得到昇華，又在無數次改正錯誤的路上學會執著。

反省是改過的前提，如果我們不知道反省，只會把責任推給別人，然後怨天尤人，覺得自己懷才不遇，或者沒有被公平對待，擁有這樣的態度，絕對不可能成就任何事情的。有句話說，當你一個手指頭指著別人的時候，別忘了！還有四根指頭是指著自己。當我們在訴說別人不是的時候，是不是能轉換不同的角度想想，我有沒有能力把事情處理的更好。

事實上，許多人他們之所以成功的關鍵就在於「態度」，他們能夠勇於去承擔別人不願意承擔的問題，他們總是能解決別人不能解決的問題，更重要的是，沒有人願意做的事，他們總能主動地去做，而且不求任何的回報，許多人以為這些人是傻瓜，這就是短視的想法。

多做事情絕對不會吃虧的，天底下最吃虧的事情應該是，你對事挑三揀四什麼也不願意做，最後自然什麼也做不了！

「人非聖賢，孰能無過。過而改之，善莫大焉。」古人在面對錯誤時就知道沒有誰可以一生都不犯錯誤。所謂「智者千慮，必有一失」。更何況我們平凡之人呢？

06

自助者天助

是以自天佑之，吉無不利。

假如現在你正處在一個不利的位置，那麼，請丟掉幻想，自己解救自己吧，這個世界錦上添花的總比雪中送炭的多，如果你表現得堅強，別人都來鼓勵；如果你軟弱，就很少有人會來扶助你了。

這句是說人助天助，要靠自己。就是說，懂了《易經》這些道理，上天就會保佑你。上天怎麼個保佑法？就需要你自己照《易經》的道理，做得合情合理，天人合一，要你的修養到達這個境界，就可以天人合一。

再嚴格說，這個「天」並不是另外一種力量，只是自己的心。懂了《易經》的道理，以此道理做人，動靜都看準了，一定是一切都大吉大利，沒有壞的，一切都看自己的學問修養如何，所以《易經》是經典中的經典、智慧中的智慧，包括了科學、哲學、宗教，一切都涵蓋了。

拿破崙年輕的時候，一次到郊外打獵，突然聽見有人喊救命，他快步走到河邊一看，見一男子正在水中掙扎。這河水並不寬，拿破崙端起獵槍，對準落水者，大聲喊道：你若不自己游上來，我就把你打死在水裡！那人見求救無用，反而添了一層危險，便只好奮力自救，終於游上岸來。

拿破崙拿槍逼迫落水者自救，是想告訴他，自己的生命本應該由自己負責的，惟有負責的生命才是真正有救的生命，所以西方諺語有：「自助者天助。」

其實，許多時候我們不是到了不可救藥的地步，而是自己先把自己打敗，自己認為自己不行了。假如現在你正處在一個不利的位置，那麼，請丟掉幻想，自己解救自己吧，這個世界錦上添花的總比雪中送炭的多，如果你表現得堅強，別人都來鼓勵；如果你軟弱，就很少有人會來扶助你了。

生命的戰場不是沒有同盟，只是這些盟友只能做我們精神上的「啦啦隊」，幫你加油，使你自信。而一切賽程卻還是要靠你自己的力量去完成，不能完全依賴別人。許多從艱苦環境中奮鬥出來的人們，他們並不比我們多一些天賦，所多的也只是戰勝自己、堅強獨立、自求多福。

即使我們最終沒能達到彼岸，但只要我們努力了，用自己的力量征服痛苦，度過難關，也是一種快樂。

日益激烈的競爭環境和社會生活的緊張節奏，逼迫人們走出了日出而作、日落而息的「田園生活」。

為了「站得住」、「立得起」，人人都像一隻不停旋轉的陀螺，不敢也不許稍有懈怠。

由是人們懂得，不懈努力才可立住腳跟，保持狀態並進而實現人生價值；於是人們不再怨天、怨地、怨鬼神，始覺「要創造人類的幸福，全靠我們自己」的至理。

俗話說，靠別人的火取不了暖，看人家吃飯填不飽肚子。自助也是如此。離開了自助或說個人的不懈奮鬥和努力，終將一事無成。

自助者天助之。為人，一生下來，就先天地提供給你一個或優或劣的起步環境。客觀地說，這是沒辦法的

事。但有一點定需入心，即錶針常走、山河常轉。不論境況如何艱苦、地位如何低下、生存如何困難，也不能放棄，不可喪失生活信念；恰恰需要自助、努力和不辭勞苦的奮鬥。「自助」就是不放棄努力；「天」就是機遇和成功的好運。只有自助，天才可助之；人不自助，天將棄之。

自助者人助之。「不虛心、不知事；不實心，不成事。」自助者大多是實心做事的人；自助者的人生約略是熱心待人的人生。對社會、對事業、對人生持有熱心的人，可以戰勝痛苦，增加能力，減輕艱難；缺少熱心的人，永遠不能做事、做成事、做成大事。

社會好像競技場，市場猶如足球賽。個人的「迎門一腳」自然可喜，但離開他人的熱心幫助決無成功。自助需人助，人助促成自助；只有熱心地助人，才會贏得人助。面對天地、社會、事業、人生，個人的對壘力量實在是非常有限的。個人的「自助價值」也只有融合在「人助價值」之中，才能夠得以發揮和實現。

正視困難是自助的前提，平和心態是自助的基礎，增強信心是自助的保證，不懈努力是自助的途徑。

07 未雨綢繆是良策

密雲不雨

做事應該未雨綢繆，居安思危，這樣在危險突然降臨時，才不至於手忙腳亂。「書到用時方恨少」，平常若不充實學問，臨時抱佛腳是來不及的。也有人抱怨沒有機會，然而當升遷機會來臨時，再歎自己平時沒有積蓄足夠的學識與能力，以致不能勝任，也只好後悔莫及。

濃黑的「密雲」出現，一般都會下雨。為什麼會「密雲不雨」呢？這並不是說不下雨，而是說還沒下雨，但大雨將至，就要做好應對準備。

未雨綢繆，什麼事都早謀劃，肯定比臨時抱佛腳好得多。

學會避免問題的發生和出現比學會等問題發生後找辦法解決更重要。

就像身體健康，注意飲食、休息和心態，和適當地運動可防止生病，如果亂吃、熬夜、放縱

身心或缺乏活動，就易得病。要知道大部分疾病是沒有特效藥的，即使看醫生開藥方，也會有很多副作用，甚至後遺症。

夫妻感情同樣是要善於經營，避免破裂，一旦發生嚴重問題（離婚），再破鏡重圓就可想而知有多難了。

子女教育同樣，早期不注意溝通和正確引導，孩子很容易被引誘誤入歧途，難以自拔。雖有浪子回頭金不換，但父母的悔恨擔心和對他人的傷害已無法彌補了。

一隻野狼臥在草上勤奮地磨牙，狐狸看到了，就對它說：「天氣這麼好，大家在休息娛樂，你也加入我們隊伍中吧！」

野狼沒有說話，繼續磨牙，把它的牙齒磨得又尖又利。狐狸奇怪地問道：「森林這麼靜，獵人和獵狗已經回家了，老虎也不在近處徘徊，又沒有任何危險，你何必那麼用勁磨牙呢？」

野狼停下來回答說：「我磨牙並不是為了娛樂，你想想，如果有一天我被獵人或老虎追逐，到那時，我想磨牙也來不及了。而平時我就把牙磨好，到那時就可以保護自己了。」

做事應該未雨綢繆，居安思危，這樣在危險突然降臨時，才不至於手忙腳亂。「書到用時方恨少」，平常若不充實學問，臨時抱佛腳是來不及的。也有人抱怨沒有機會，然而當升遷機會來臨時，再歎自己平時沒有積蓄足夠的學識與能力，以致不能勝任，也只好後悔莫及。

考試臨時用功，急難時有人幫忙，能夠臨時抱佛腳，也算好事，就怕臨時沒有佛腳可抱，那就淒哉慘也。晴天準備雨傘，免得下雨時不能外出；白天準備手電筒，以便黑夜可以照亮暗夜行止。如果平時沒有準備，臨時抱佛腳，必有諸多的不方便。

一個人的身體，平時就要好好地照顧，要運動、要保健，不能讓它受寒受暑，因為一旦生病了，不但自己抱佛腳，還會增加家人、朋友的麻煩。

平時的家居生活，也要時時整理清潔，而且飲食要有時，不要客來掃地，客去倒茶，這都是臨時抱佛腳的行為。

《禪林寶訓》裡有「重門擊析」，說明凡事要有事前的防備，免得出了事情，即使報警，甚至告到法院裡，可是財物已經追不回來了。

平時家裡要預備一些洋釘、鐵錘，以備颱風來襲之運用。水溝也要經常疏通，免得堵塞；庭園花草平時要讓它水分充足，免得乾枯。

有偈云：「天下有二難，登天難，求人更難；天下有二苦，黃連苦，貧窮更苦。」如果你平時有所預備，則不管苦也好，難也好，都會降到最低，否則臨時抱佛腳，萬一沒有佛腳可抱，那又怎麼辦呢？

與人相處，平時要多廣結善緣，如此到了急難時刻，你不必抱佛腳，自然也會有因緣來幫助

你。佛教叫人平時要念佛，也是為了萬一到了緊急時刻，可以有佛腳可抱。平時父母、老師、朋友的叮嚀、囑咐，要我們這樣、要我們那樣，我們不要嫌其口囉嗦，這都是為了怕我們將來沒有佛腳可抱。只要我們平時多燒香、多結緣，急難來時，也就不必臨時抱佛腳了。

未雨綢繆，就要保持清醒，而清醒是一種自覺。

一個人要做到清醒，必須有一種自覺。如果沒有自覺，是不可能做到清醒的。清醒，不能只靠警示。

自覺，這個詞來源於佛教。自己覺悟，覺悟是靠感覺，不是靠提醒。心裡清楚，就忘不了。

六朝時候，有一個張翰，做官做得很好。但就是不拘小節，尤其貪杯，許多人為他惋惜，議論他說：「此人為了一杯酒，也不為自己的身後留名想一想。」有人把這話轉告他，他回答人家說：「身後浮名，不如眼前一杯酒。」

明朝的陸樹聲在《長水日抄》中還記述有張翰的故事，說秋風起，張翰想起吳中的蓴菜鱸魚，幡然悔悟說：「人生貴適志，怎麼能為一個官名，而被羈在千里之外呢？」他吃不到鱸魚，甚感遺憾。

這個張翰，之所以流芳千古，是因為他對人人皆嚮往的「為官」有一種清醒。由於自覺的清醒，所以常常有一些別人看來是荒唐的行為。

清醒，才能變成一種自覺的行為。

《易經》裡重要的一個原則，是教導人們時刻保持清醒。這種清醒，是心智的清醒。

比方說，月亮圓了，就開始不圓。日正中天是好事，但日正中天過後就會西斜，以至日落西山。它告誡人們，當你最好的時候，也許麻煩就跟著來了。你要早有心理準備。

當你幼弱的時候，你要等待時機，不要輕舉妄動。

當事情有了阻隔、有了梗塞，你就要絞碎它，然後才能順暢。如果在阻梗的時候，你一意孤行，就會「有悔」。

《易經》的《序卦》裡有一句是解釋困卦的，可以說是振聾發聵。我們一般人想像，困難一般是外在的因素所形成的。但《序卦》裡說：「升而不已，必困，故受之以困。」困難，其實是我們心中不清醒，才會造成的。人生不斷地走，不斷地前進，而沒有警惕，沒有回顧，所以就會有困難。

人，要做到事事清醒，必須心中時刻戒懼，不可掉以輕心。這種戒懼與反省，來自一種自覺，如果能這樣，你就是一個清醒之人了。

此文到上面的那一句話，已經結束。因為那一句已經是結句。但睡了一夜，決定再添上一個反常時期的「清醒故事」，這樣，算是對讀者有一個完整的說法。

在《禪說》裡有一個「丹霞燒佛」的故事。丹霞有一次住在慧林寺，因為天很冷無法忍受，而把寺內的佛像拿來燒火取暖。另一個和尚看見，斥責他：「你真大膽，竟敢燒佛像！」

丹霞說：「我想看看佛像裡能不能燒出舍利子……」

另一個和尚說：「木佛怎麼能燒出舍利子？」

丹霞說：「既然燒不出，這兩尊也拿來燒了吧！」

後來人說，道人無心，何過之有？不要拘泥於形式，率真地依本性去做即無過錯。

後人還說，只有丹霞可以這樣做，後來者如果學丹霞，就是對佛的冒犯了。因為只有丹霞是此情此景，是依著本性。學的就不是了。

清醒至關重要。如果不清醒，往往會喪失一生的幸福。

08

在靜時運用第三隻眼

是故君子居則觀其象而玩其辭

每人都有第三隻眼，只是視力有很大不同。如果你的第三隻眼視力很好就能看清事物本質且能預見未來。

觀其象，這個像，是我們的生活，我們的生命，我們自己個人、身體、家庭、國家、世界天下的關係。平常處在這大環境中，觀其象，對這大現象變動的前因後果都知道了，再看文王《周易》中所研究的內容，但並不是說文王怎麼說，我們就相信，而是要「玩其辭」，通過他的思想創出自己的思想。

有個在農場工作的農夫，有一天這個農夫打掃完馬廄後，赫然發現他老婆送他的懷錶不見了。由於這個懷錶對他來說十分的珍貴，於是他馬上又跑回馬廄尋找，找了一段時間幾乎把馬廄整個都翻遍了，還是沒有找到，因此他氣餒地走出馬廄。

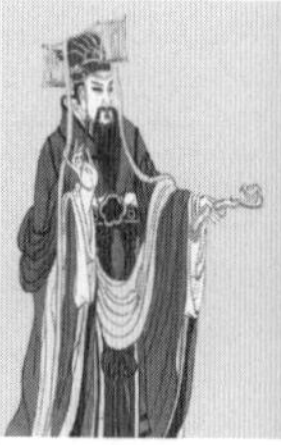

而這時候，他發現外面正有一群孩童在玩耍，於是他向那群孩童說：假如他們之中有誰能在馬廄找出他遺失的懷錶，那個人便能得到五毛錢，於是孩童們一窩蜂似地跑進馬廄裡尋找懷錶，經過一段時間，當孩童們走出馬廄時，都表示沒有找到懷錶，此時農夫更加地氣餒與失望。

就在這個時候，農夫聽到了一個聲音：我可以再進去找一次嗎？一個孩童對他說，但是農夫覺得大家幾乎都把馬廄翻遍了，都找不到，怎麼可能憑你一個人就找得到呢？

由於沒有任何的利害關係，因此農夫答應了這位孩童，過了不到一會的功夫，當那孩童走出馬廄時，他手裡拿的正是農夫遺失的懷錶，農夫很驚訝地問他，你是怎麼辦到的，那個小孩回答：「我進去之後什麼都不做，就只是靜靜地坐在地上，慢慢地，我聽到了滴答滴答的聲音，於是循著聲音我找到了懷錶……」

這個故事是否能給你有所警示呢？

當你感覺在生活中陷入了蒼白與麻木的時候，請給自己品味生活的時間。要從紛亂的世界中退出去找一個清淨的地方，在安寧、沉寂中找尋造物主的聲音。只有在這個安寧的地方，我們的心才會恢復清新並堅強起來，勇往直前，充滿信心，去迎接人生須經歷的各種挑戰，也只有從靜中，我們才會真正領悟出什麼是人生最寶貴的。

有一首詩說得好：

繽紛的世界，讓你目不暇接
躁動的感覺，就是擁有一切
有些什麼，你還不清晰
只是無力，容忍自己
變幻的世界，讓你不敢停歇
惟一的感覺，就是多要一些
多些什麼，你都不在意
只是竭力，平衡自己
很久沒看見，你燦爛的笑臉
倔強的身影，在艱難地蹣跚
背得再多，你也要飛上藍天
我只能在心底，囑咐你說：
多些時間給自己
想征服世界，別迷失自己，多些時間給自己
想擁有世界，先把握自己，

取得的世界，讓你昂然挺立
難抑的感覺，就是缺少一些
少些什麼，你已想不起
不知不覺，少了很多
很久沒看見，你純淨的雙眼
閃爍的興奮，也遮不住疲倦
背得再多，你也要飛上藍天
我只能在心底，囑咐你說：
多些時間給自己
想征服世界，別迷失自己，多些時間給自己
想擁有世界，先把握自己，得到了世界
佔據你夢寐以求的南北
為何得不到
你魂縈夢冀的東西，多些時間給自己
想征服世界，別迷失自己，多些時間給自己

想擁有世界，先把握自己，多些時間給自己
想飛上藍天，放輕鬆一點，多點時間給自己
想飛上藍天，放輕鬆一點，多些時間給自己
想征服世界，別迷失自己，多些時間給自己
想擁有世界，先把握自己……

智能是第三隻眼看見的。人出生時有兩隻眼，讀書學習獲得知識。知識擁有者可以把知識灌輸給別人，但智慧是不能灌輸的。別人的智慧可成為你的知識，不能直接用灌輸的方式獲得智能。智慧是對人生經歷的知性理解和理性感悟。

第三隻眼是靠洞察力、直覺、靈感、預測和判斷看事物的。與你的兩隻眼不同，第三眼是別人看不到、摸不著的。但它像一隻長尾大頭針，頭在兩眼中間上方額頭，尾偏左刺入心房。每人都有第三隻眼，只是視力有很大不同。如果你的第三隻眼視力很好，就能看清事物本質且能預見未來。

由此，可知九四「或躍在淵」意思是說「或奮發躍起，或退而在淵。可進可退，能進則『躍』，不能進則退。一切待機而動，而不是盲目衝動，浮躁妄動。躍是為了發展，退是為了發展而積極地準備、籌畫，創造更為有利的條件和先機。」

09

在行動時要把握形勢

時止則止，時行則行，動靜不失其時

人若能做到「動靜不失其時」，便能順應事物發展的規律而「時中」。「時中」即「中」而因其「時」，「時」而得其「中」。得其「中」，所謂經也；因其「時」，所謂權也。有經有權，故能變通。此所謂「變通者，趣時者也」。變通趣時，就能順天應人。

《周易．系辭傳》說：「窮則變，變則通，通則久。」「變」是《周易》的核心觀念之一，所謂「不可為典要，唯變所適」（《周易．系辭傳》）。

《周易》強調「變」，有一個基本原則，即「動靜不失其時」，「與時偕行」。《周易》特別指出對「時」要有所知。如《賁卦．彖傳》說：「觀乎天文，以察時變。」即仰觀日月星辰等天象，可以察知四時、季節變化的規律。如《觀卦．彖傳》說：「觀天之神道，而四時不忒。」即仰觀自然運行的神妙變化，可以理解四時交替之毫無差錯的道理。

如《豫卦．彖傳》說：「天地以順動，故日月不過，而四時不忒。」即天地順其本然之性而動，所以日月運轉而無差失，四時交替而無差錯。如《豐卦．彖傳》說：「日中則昃，月盈則食，天地盈虛，與時消息。」即日至中天必將西斜，月至圓滿必將虧食，天地自然有盈必有虧，有虧必有盈，它們都是根據一定的時間而消長存亡。

類似的話，《彖傳》及《系辭》中還很多，這些都是古人經過對天地自然的觀察所獲得的關於「時」的知識。

《周易》強調對「時」要有所知，而「明時」的目的則在於讓人們依時而動，「時止則止，時行則行，動靜不失其時」。「時行」就是依時而行。既然一切都在時間之中，誰都無法遊離於時間之外，那麼要想在時間之流中有所進取，就必須順時而動。

有學者指出，人與時的關係，「是主體與客體的關係，行為與環境的關係，主觀能動性與客觀必然性的關係。順時而動，必獲吉利，逆時而動將導致災難，主體行為是否正當，並不完全決定於主體行為本身，而主要決定於是否適應環境的需要」。因此，「時行」之「時」，還不僅僅是指年、月、日、時，而是與此年、月、日、時相關的及與主體相關的一切因緣的總和。這就是人們通常所謂的「時機」一詞的真正涵義。

《周易》之中論到「時行」的地方頗多，如《大有．彖傳》說：「其德剛健而文明，應乎天而時行，是以元亨。」「應乎天而時行」，就是順應天道自然的規律，依時而行。如《隨卦．彖傳》說：「天下隨時，隨時之義大矣哉。」「天下隨時」，即天下眾人順應時變而相隨從。如《坎卦．彖傳》說：「王公設險，以守其國，險之時用，大矣哉。」「險之時用」，指國君王侯因應天時，設險守國，意義非常重大。如《遁卦．彖傳》說：「剛當位而應，與時行也。」「與時行也」即隨順時勢，及時退避。總之，「時行」，就是叫人不失時機，因應時變，有所作為。

依時而行固然重要，依時而止意義也非常重大。所以《彖傳》謂之「時止則止，時行則行」。其實，「與時偕行」就包含「時止」之義。

《周易》中有一《艮》卦，專門討論「止」的問題，其卦辭曰：「艮其背，不獲其身；行其庭，不見其人。無咎。」《彖傳》解釋說：「艮，止也。時止則止，時行則行；動靜不失其時，其道光明。『艮其止』，止其所也。上下敵應，不相與也，是以『不獲其身，行其庭，不見其人，無咎』也。」

《艮》卦主要申明「止」義。《序卦》曰：「《艮》者，止也。」《雜卦》曰：「《艮》，止也。」《艮》為「止」，所以《彖傳》有「時止則止」之說。

但論「止」之卦何以又謂「時行則行」？

金景芳先生解釋說：「止的意義並不簡單，不能以為停止不動才是止。其實止還包含著行的意義在內。這一點一般人不易領會，所以孔子特別加以說明。止於止是止，止於行也是止。我們堅持不懈地做一件事情，就是止於行的止。後來我們發現情況變了，這節事情必須停止，不宜再做了，這就是止於止的止。堅持做什麼，是止於行；堅持不做什麼，是止於止。

兩種止實行起來都要看場合，就是要『艮其背』。這個場合不僅是空間上的場合，也是時間上的場合，而且歸根結底是時間上的場合。『時止則止』時要求止於止，就止於止。『時行則行』時要求止於行，就止於行。或止於止，或止於行，時是決定性的因素。」

上述的解釋辯證色彩很濃，意義也很深刻。它表明，艮止之義不僅在於因時而止於所止，還在於因時而止於所守。所以，《彖傳》接著說：「艮其止，止其所也。」而《象傳》則更明確地強調，君子觀《艮》之象，應當「思不出其位」。宋人程頤解釋說：「君子觀《艮》止之象，而思安所止，不出其位也。位者，所處之分也。萬事各有其所，得其所，則止而安；若當行而止，當速而久，或過，或不及，皆『出其位』也。」（《程氏易傳》）「止其所」、「不出其位」，都是指止其所當止。而止其所當止，也就是止其所當守。因此，「止」並非靜止不動，而是以止助行，以行成止。

止於「行」或止於「止」，決定性的因素是「時」，所以說「動靜不失其時」。人若能做到「動靜不失其時」，便能順應事物發展的規律而「時中」。「時中」即「中」而因其「時」，「時」而得其「中」。得其「中」，所謂經也；因其「時」，所謂權也。有經有權，故能變通。此所謂「變通者，趣時者也」。變通趣時，就能順天應人，推陳出新。

《周易》中有《革》卦，專門講變革，「革命」一詞即濫觴於此。而《革》卦之後緊接《鼎》卦，目的就在於彰顯「革故鼎新」之義。從這個意義上說，趣時變通，即變化日新。能趣時變通，即是「識時務」。而識時務，能日新，就可以常保通泰。所以《周易．系辭傳》說：「日新之謂盛德。」

人生一定要動的，「動則觀其變而玩其占」，我們自己有時候動了，要觀察動所產生變化的現象，而玩其占，占是用數理來推定結果。

由此，順應形勢的變化而採取行動，才能把握機遇，才能無往而不勝。

看到了一則小故事：一位商人子承父業做珠寶生意。可是由於缺乏父親的眼光，很快就把父

親留給他的全城最大的珠寶店賠光了。商人依然對自己的能力充滿自信，認為自己只是在珠寶這一方面缺乏必要的眼光和技術。於是改行做服裝生意，不到兩年，無力為繼，因為他總是跟著時尚的尾巴走。

後來，他又開過飯店，做過化妝品生意、鐘錶生意、印染生意，無一例外地失敗。此時的他已經五十二歲了，卻沒有一點點成功，他開始懷疑自己的能力。這時候他所有的財產只能購買一塊離城很遠的墓地，他覺得這就是他的歸宿。

可是奇蹟發生了，不久，這座城市公佈了一項建設環城高速公路的規劃，他的墓地恰恰處在環城路內側，土地一夜之間身價倍增，他頓悟了，為什麼不做房地產生意呢？於是他賣掉了這塊墓地，投身做房地產，五年以後，他已經成為了全城最大的房地產企業家。

古往今來，多少英豪逢時起，千秋偉業世長談，把握機遇雄心逞，今生不枉走一遭。

話說三國時期，最不為人稱道的便是曹孟德，謂之曰「奸雄」。然孰知「奸雄」背後的深謀遠慮。苦心經營，方位極人

臣。漢帝無能，天下離亂，此時不起，更待何時？且又佔「挾天子以令諸侯」之便，孟德佔盡天時地利，大好機遇，正待出手把握，其便是，敢於出手把握才圓了一世英雄夢，見機而握，成大業之所需也！

時代造就的英雄，而英雄又開創了新的時代。憶及那硝煙戰火的年代，群龍會聚苦無良首，便是偉人勇挑重擔，帶領人民走上了勝利的道路，救我民族於水火之中，亂世出英雄，敢把握才成就英雄——救國救民的英雄。

機遇者，人皆可遇，論把握，還需真雄。思我輩，正值青春年華，且祖國大業渴求人才，更當把握機遇，把握年華，求知若渴，勇挑重擔，建設屬於我們的時代，大義之所在，機遇之所示，只看我等是否能出手把握。

機遇錯過，還會有機遇，但是若不想把握，任多少機遇也付之東流了。坐等機遇是不可取的，而應積極去追求，時刻準備去把握，該出手時便出手。

常把壯志盈胸，莫道英雄天成，敢於試鋒芒，才有機遇可乘。把握，把握，莫待年華凋零。

10

不貪圖享受的人會贏得大享受

困於酒食

享受不應該享受的福，是禍。人應該有所節制。欲望如果沒有節制，最終會像氾濫的洪水將自己淹沒。

「困」，被圍困。「困於酒食」指人反被酒食吃掉了，昏庸而污濁。貪於酒食享受的人很難有前途，必會從享受走向困窘。

《易經》裡有一個故事，說一個官按照他的官階只能乘坐兩馬的馬車，但為了滿足自己的虛榮，為了擺闊，他去借了一輛四馬的馬車。誰知走到了半路，被強盜誤殺了。這夥強盜專搶四馬拉的馬車，因為乘四馬車的官才是大官，級別高，錢財多。

《易經》最後說：享受不應該享受的福，是禍。人應該有所節制。欲望如果沒有節制，最終會像氾濫的洪水將自己淹沒。

《易經》裡有一卦，專門論述「節制、節約」的卦，叫「節卦」。水流進澤中，過度就會溢出，應該加以節制。節卦形成的理由就是這麼簡單，這麼有道理！節制是美德，因而亨通。

《易經》認為，首先我們人類賴以生存的宇宙，需要節制。「天地因為節制，四季才能井然有序，循環不已。聖賢也要效法天地，建立制度，以節制人的無窮欲望，這樣不浪費物質，不傷害人民。」

所以，自古以來，歷朝歷代，都有自己的禮節與制度，以節制人的欲望；還以這種禮節與制度，來評論官員的德行，以節制其為官為人之行為，使其不逾規範。在這方面，以戰國末期的荀子呼籲與主張最為激烈。

但為什麼一代又一代過去，中國還是沒有很好地解決這個問題呢？關鍵是兩個字，「天子」。所有的人都是民間所生，自然要遵守各種各樣的規矩，而有一個「天子」，這個人可以制定各種各樣的規矩，惟獨他可以不遵守。而中國是一個揣測與模仿最盛的國家，一個人不遵守，就會有一批人為他說出許多可以不遵守的理由；一個人不遵守，就會有一大批人不遵守。於是，就有了「刑不上大夫」的說法。

規矩猶如一個裝水的羊皮袋，只要有一個小孔，皮囊裝水的功能就會喪失殆盡！

美國不一樣，人家知道：你這個總統當得不錯，但你連任了兩屆，對不起，拜拜！你不能再

做。人民知道你假如再做，會比新上來的總統做得好，但還是不能讓你來做。因為你太瞭解總統應該怎麼做了！萬一，你有個私心野心什麼的，人民會吃不了兜著走。因為美國人懂得，制度是最可相信，而人是最不可相信的。美國憲法的核心，是相信制度，用制度管人，不是人管制度。

欲望太盛，傷心傷身傷事。

重溫中國文化，你會感悟至深：有心栽花花不發，無心插柳柳成蔭。希望越大，失望會越大。

人有內外兩部分，身體健康、快樂態度和智能為內，金錢、名聲和地位為外。人們都知道內在比外在重要，但依然有一部分人是要財不要命的。快樂態度有益於身體健康，吸引貴人和機會，有助於事業的成功。智慧是知識和經歷的綜合，對人和事情的判斷、決定取捨以及未來的預見都是關鍵性的。

任何以犧牲身體健康為代價的作為都是不可取的。身體健康問題有先天和後天原因，良好的習慣，能使你恢復和保持身體健康。包括平衡的營養（指飲食健康），休閒和娛樂（睡眠和調劑），適當的鍛鍊（指健身運動），不過度放縱自己（指戒煙酒嫖賭）。

態度決定一切。不管你是否相信，有很多奇蹟是因為態度的改變而發生的，但你可嘗試一

下。譬如，保持一個星期時間不生氣，對你的同事、朋友、家人，都別讓他們看到你不高興的面孔。首先你會聽到什麼，感覺到什麼，又看到什麼。

在人們心目中，一個智慧的人一般應是一個老者，這是因為智慧是人對感性經歷的理性思考得到的感悟。隨年齡的增長，你會逐漸發現智者是平和快樂的人。

人們習慣把金錢名聲和地位叫做身外之物，但又都是世人追逐的目標。如果你不貪圖這些，就不會有大麻煩。「君子愛財，取之有方」，你有緣發財，何樂不為。但有錢不要窮擺闊，別以為有錢了就脫胎換骨了。

人的品位畢竟不是以錢多錢少界定的。如果你是一個土暴發戶，也不妨以錢濟貧，回報社會，求得好名聲。如果你才高八斗，官運亨通，也就不妨以權扶正祛邪造福人民了。如果你以權謀私，貪財貪色，你也就別想過太平日子了。

是的，經常看到聽到一些人談論生命的意義是什麼？什麼樣的生活才有意義，也許一百個人會有一百種答案，對於那些有成就的人、有名望的人、有學識的人、有影響的人，也許生命的意義很大，生命的價值很高，相對於無數的平凡大眾來說，也許生命的意義就是平平安安地活著，一日三餐不餓肚皮，身邊來來往往的都是芸芸眾生，結識的也都是平凡的老百姓。他們沒有輝煌的事業、驕人的成就、淵博的學說、絢麗的頭銜，他們只是普普通通的人，他們勤勤懇懇地勞動，實實在在地生活，只為了能養家糊口，平安度日。

他們也許缺乏遠大的理想、宏偉的目標，他們的要求也許很小，只希望孩子健健康康地長大，一家老小無病無災，他們的奢望不多，只希望在風雨來臨的時候，有一間避雨的小屋，轆轆饑腸的時候，有一碗填飽肚子的熱飯，也許他們是弱小的、卑微的，是甘於平淡和平凡的。

可是如果沒有凡人的碌碌無為就顯示不出偉人的高大，如果沒有平川的低矮就襯托不出大山的雄偉，如果沒有綠葉的默默無聞就突出不了鮮花的嬌豔，也許小草很平凡很常見但人類離不開它，大地少不了它。

人活於世，匆匆地來，匆匆地去，不過短短幾十載，在這屈指可數的日子裡，有多少是值得計較的，有多少是值得回憶的，有多少是值得銘刻的！這花花世界紙醉金迷，有多少不甘於寂寞的人們夢想著成名，夢想著榮華，夢想著出人頭地，滿懷激情地去追逐所謂的幸福生活，去捕捉虛幻的夢境，而最終的結果是一場虛空。

生命的意義也許很簡單，簡單的讓你懷疑它存在的意義，也許就是腳踏實地生活、努力、奮鬥，人生的目標永無止境，不放棄夢想，不甘於平庸，是一種積極向上的追求，可是千萬別貪圖奢華的享受，毀了青春，毀了前途。

也許在當今這個飛速發展的時代裡，你不甘於流與俗套，不想平庸地生活，不願意被時代的

洪流拋卻，也許你會嘲笑父輩們的平凡，也許你會不屑普通人安於現狀的滿足，可是，告訴我生命的意義是什麼？是奢侈的豪華享受嗎？是為了安逸而甘心失去自由嗎，是為了金錢可以毀滅一切，是沒有道德的出賣、沒有廉恥的佔有、沒有尊嚴的屈辱？如果是這樣那麼人生還有什麼意義。

其實生命的意義，也許很簡單，猶如一杯清茶淡泊、透明、實用，也許它過於簡單了，讓你駭異它的單調、無味、枯燥，因為我們是凡人，所以我們也許甘於平淡，如果可以在平淡中尋求一種寧靜致遠的意境，去豐富生命的色彩，時而如高山流水，時而似小橋人家，生活的情趣需要豐富，生命的意義在於創造。

11

隨遇而安順其自然

是故君子所居而安者，易之序也；所樂而玩者，爻之辭也。

「如果我有一條圍巾，我就會把它圍到脖子上；如果我有一朵花，我就會每天為它澆水。」就像這歌裡唱的一樣，生活給了我們什麼，我們就應該去承受。

這就說到人生哲學了，我們學《易經》為瞭解自己，瞭解人生，所以一個君子所處的日常生活，君子的人生，能夠得到安心的，亦即佛教禪宗常說到的安心。人心得安是很難的，世界上幾乎沒有一個人安心過。

誰心安了？誰滿足了？這是不可能的，真安心，不必要求什麼，已經滿足了，這是很難的。安心不易，安身亦難，安生活更難，實際上這些都是心的作用。

孔子說：如果真懂了《易經》，平常所居而安得了心，只要看《易經》變化的次序就夠了。

為什麼？因為它有一定的次序，可以看到卦的變，而且依照《易經》的法則，宇宙萬物萬事隨時在變，但不是亂變，也沒有辦法亂變，是循一定的次序在變，所以懂了《易經》，人生一切的變故來了，都可以真地安貧樂道度光陰。人生萬物有一個不變的東西，就是這個「必變的道理」，有如氣象局的報時台，現在報的下午三時二十五分，下一句就是二十五分十秒，這是一定要變的。人類自己反省，有一件最愚蠢的事，希望自己一輩子不變，最好長生不老、永遠年輕，可是這絕不可能。

懂了《易經》，就知道變有一個秩序，有一個一定的原則，因此我們做事業也好，做別的也好，第一知道自己怎麼改，第二知道變到什麼程度了，所以用不著去卜卦，把《易經》變化的程式搞通了，大法則就通了。但是變的當中，一變就有動，一動就有變，那麼在動與變的結果，有好有壞，有吉有凶。

關於吉凶，我們已經知道，是根據人為的觀念而來，人為的厲害得失而來，但得失的究竟如何？「所樂而玩者，爻之辭也」。把這本《周易》每個卦下面所講的道理——卦辭，懂了以後，透徹了它的道理，就快樂了。

我們的心靈本來很清靜安定，只因為被外界物相迷惑困擾，如同明鏡蒙塵，就活得愚昧迷失了。

雲居禪師每天晚上都要去荒島上的洞穴坐禪。有幾個愛搗亂的年輕人便藏在他的必經之路上，等到禪師過來的時候，一個人從樹上把手垂下來，扣在禪師的頭上。

年輕人原以為禪師必定嚇得魂飛魄散，哪知禪師任年輕人扣住自己的頭，靜靜地站立不動。年輕人反而嚇了一跳，急忙將手縮回，此時，禪師又若無其事地離去了。

第二天，他們幾個一起到雲居禪師那兒去，他們向禪師問道：「大師，聽說附近經常鬧鬼，有這回事嗎？」

雲居禪師說：「沒有的事！」

「是嗎？我們聽說有人在晚上走路的時候被魔鬼按住了頭。」

「那不是什麼魔鬼，而是村裡的年輕人！」

「為什麼這樣說呢？」

禪師答道：「因為魔鬼沒有那麼寬厚暖和的手呀！」

他緊接著說：「臨陣不懼生死，是將軍之勇；進山不懼虎狼，是獵人之勇；入水不懼蛟龍，是漁人之勇；和尚的勇是什麼？就是一個字：『悟』。連生死都已經超脫，怎麼還會有恐懼感呢？」

世事變幻，禍福無常，當你遇到一些意外的突發事件時，能否處變不驚，從容應付呢？

「風來疏竹，風過而竹不留聲；雁過寒潭，雁去而潭不留影。故君子事來而心始現，事去而心隨空。」這是古人對隨遇而安的解釋。意思是說，人遇到事情時，會本能地有所反映，事情過後又恢復原來的安靜。當進而不進，是自暴自棄，應退而不退，是不知自量。

古語說：「伸縮進退變化，聖人之道也。」縱觀古今歷史，一個在事業上有所成就的人，必定是一個善於駕馭時勢的人。順時馭勢與一成不變、墨守成規相對立，它的含義是，要按照變化了的、發展了的情況靈活機動地處理問題。

物質條件的獲得，物欲的滿足，不要無限制地追求那些不現實的、得不到的東西。正如盧梭所說的那樣：「人啊，把你的生活限制於你的能力，你就不會痛苦了。」一切理想都要植根於現實這塊肥沃的土壤中。

莊子指出：「窮亦樂，通亦樂。」這是什麼意思呢？所謂窮是指不順利，通是指順利。莊子認為，凡事順應境遇，不去強求，才能過上自由安樂的生活。這是一種順應命運、隨遇而安的人生態度。無論順境或是逆境，人都應該保持一種樂觀的生活態度。

「安時而處順，哀樂不能入也」。這句話的意思是，能夠安於時代潮流、遵循自然法則的人，悲哀和歡樂就不會佔據他的內心。這是一種自然的生活方式。有一些人為了出人頭地、達到自己的目標，往往不顧一切，拼命去爭取。而一旦遭到挫折或打擊，往往會意志消沉，一蹶

不振。

古時有一位賢者叫許由，堯帝仰慕其名，想將天下讓給他。許由對堯帝說：「鶴巢於深林不過一枝。」說完便離去隱居了。這句話意思是說，凡事不必求多，只要具有一個夠維持正常生活的環境就行了。《莊子》中還講，「偃鼠飲河，不過滿腹。」意思是人要安分，不應貪心縱欲，貪欲一多，煩惱也會增加，心靈便得不到寧靜了。人生最重要的是要心靈平靜，而知足常樂是心靈平靜的惟一辦法。

《莊子》中有一句話叫「壽則多辱」。講的是古時，堯帝到華地視察。當地的官員為堯祈福說：「希望你能獲得很多男孩，獲得豐厚的財富。」但是，堯帝拒絕接受這種祝福，他對官員們說：「男孩子多了，操心的事情便會接連不斷出現。錢財豐厚了，麻煩的事情就會多起來了。活的時間越長，遭受恥辱的機會也一定更多。」這的確是一種高見。

「人生減省一分，但超脫一分。」在人生旅

程中，如果什麼事都減省一些，便能超越塵事的羈絆。一旦超脫塵世，精神會更空靈。簡言之，即一個人不要太貪心。「比如，減少交際應酬，可以避免不必要的糾紛；減少口舌，可以少受責難；減少判斷，可以減輕心理負擔；減少智慧，可以保全本真；不去減省而一味地增加的人，可謂作繭自縛。」

人們無論做什麼事，均有不得不增加的傾向。其實，只要減省某些部分，大都能收到意想不到的效果，倘若這裡也想插一手，那裡也要兼顧，就不得不動腦筋，過度地使用智慧，容易產生奸邪欺詐，所以，只要凡事稍微減省些，便能回復本來的人性，即「返樸歸真」。

《呻吟語》的作者呂新吾也說過：「福莫大於無禍，禍莫大於求福。」意即沒有不幸的災禍降臨，就是最大的幸福。一天到晚四處鑽營的人，比任何人都更加不幸。所以，人千萬不要為欲望所驅使。心靈一旦為欲望侵蝕，就無法超脫紅塵而為欲望所吞滅。只有降低欲望，在現實中追求人生目的，才會活得快樂。

「如果我有一條圍巾，我就會把它圍到脖子上；如果我有一朵花，我就會每天為它澆水。」

就像這歌裡唱的一樣，生活給了我們什麼，我們就應該去承受。

12

一動不如一靜

是故，吉凶者，失得之象也；悔吝者，憂虞之象也；變化者，進退之象也；剛柔者，晝夜之象也。

人生的一切，任何一件事，一動就有好有壞。再說任何一動，壞的成分四之三種，好的成分只四之一種，所以中國人的老話，一動不如一靜。

這就是哲學問題了，這是說人類文化。我們人類認為的吉凶，好的或壞的，以哲學來說，沒有絕對的，而是根據人類本身厲害的需要；我們得到，便覺得是吉，失去便覺得凶，但這並非絕對。譬如說得病，這個得就不是吉，而且人生得意不一定是好事，有時失意也不一定是壞事。

所以對於古文，不要僅在文字表面上讀過去，而要知道在文字的深處包涵了很大的哲學思想。可見吉凶只是根據個人的觀念而來，而悔吝就是憂煩愁慮之象，虞即慮。

前面說過，卜卦的結果，不外「吉凶悔吝」四個字，沒有六個字，換句話說只有兩個字——一個是好，一個是壞，——或吉或凶，悔吝只是加上去的。因為「悔吝」兩個字，是憂慮。

在《易經》中一方面是小心，如卜到一個卦是悔吝，就是有煩惱，事情辦不通，有困難。所以人生的一切，看《易經》只有四個角度，吉凶悔吝。這吉凶悔吝怎麼來的，下傳有兩句話：

「吉凶悔吝者，生手動者也。」

人生的一切，任何一件事，一動就有好有壞。再說任何一動，壞的成分四之三種，好的成分只四之一種，所以中國人的老話，一動不如一靜。

凡事一動，吉的成分只有四分之一，壞的成分有四分之三，不過這三分當中，兩分是煩惱、險阻、艱難，如此而已。

這把宇宙的道理、人生的道理、事業的道理都說清了，所以儒家就知道慎於動。動就是變革，變更一個東西，譬如創業，譬如新造，這個動不是不可以，但需要智慧，需要作慎重的考慮。

一動不如一靜，「動」者，活動也，一個為翹首求官之人所心領神會的具有「中國特色」的官場自選動作。尤其是在決定自己官場之命運的關鍵時刻，真可謂「動」與「不動」兩重天：「動」者，尤其是動之力度足夠大者，常常是心滿意足地坐上了自己嚮往已久而又垂涎三尺的「寶座」；「不動」者，或動之力度不夠，或動之方向有誤者，就只能飲恨官場，或只能發誓在下次「運動」中有所作為了。

當然，也有不信邪的主兒，這就是那些「朝中有人」之輩，他們非但臨陣不「動」，而且常常以「靜」制「動」，即便那些善動之輩，恐怕也只能拾些他們挑剩下的殘羹剩飯了。故而雖說「動靜皆風雲」，卻又常常「一動不如一靜」也。

再比如打官司，一場官司一場火，任你好漢沒處躲。

置身官司之中，可謂機關遍地、暗道如織，稍不小心，即有可能失足落套，跌身陷阱；稍有不慎，或將被麻煩裹足，引火焚身。此情此景，別說肉體凡胎，即便孫猴子再世，也難保不褪其三層皮也！若再遇到「大蓋帽，兩頭翹，吃過原告吃被告」的主兒，即便你三頭六臂，有九九八十一變之術，恐怕也照樣只有繳械投降和束手就擒的份了！

大陸杭州西湖的西方邊有兩處著名的佛教聖地——天竺山和靈隱山，天竺山上有著名的上、中、下三座天竺寺；靈隱山則有東晉（三二六年）時建的靈隱寺。靈隱寺前有一座山峰，東晉

時的印度來華僧人慧理認為它極像自己的故鄉的佛教發祥地靈鷲山，曾經感慨地說：「不知它何時飛到這裡來？」從此，這座山峰就被人稱為「靈鷲峰」或「飛來峰」。

南宋的孝宗皇帝一次遊靈隱山時，曾在飛來峰前戲謔地問靈隱寺的住持淨輝和尚：「既是飛來，如何不飛去？」

淨輝和尚幽默答之：「一動不如一靜」。

「不是我不明白，是世界變化快」。在你意識到很難適應外界變化的時候，你該怎麼辦哪？這裡不僅有積極和消極兩種態度，還有如何決定你的手段達到你的目的。

首先弄明白你的實力和處境，再分析哪些是可以通過努力可改變而且應該改變的，哪些是不能經過努力而改變的。那些你不能改變的也會變化，所謂的「三十年河東四十年河西」就是這個意思。

事物的發展變化有一定的規律性，大部分是波動性的。

人生當中，機會有大有小，關鍵取決於你想要成為什麼樣的人。

一般人把自己的學業和工作的順利與否看作是人生的關鍵，而成就非凡的人是能把握百年不遇的機會，這個機會不是他自己努力而得到的，而是他已經準備好自己而等待而未錯過的。

等待並不都是消極的，誰能更早地準備好自己而等待時機甚至是危機，誰就更能獲勝。無論是戰場、商品市場還是情場，都不要打無準備之仗。以靜制動是一個高度的境界。

「一動不如一靜」，當然並不是主張一動不動，而是說無論是投資還是投機，都必須掌握適時適度的原則，做到對象適當，時機適當，方法適當，力度適當。在這裡，作為市場的參與者，無論是大是小，關鍵都是要有一個好的心態。心態一穩，適時適度並不難做到，心態不穩，就難免動輒得咎，事事出錯。

《象辭》說：《大有卦》第六爻位（上九）的吉祥，是上天保佑有道德的人，是上天賜給的福分，只有順天應人，才能大有收穫，得到大量的財富。

13 做事有始有終的人才有成就

君子有終

人們做事情，總是在快要成功時失敗，所以當事情快要完成的時候，也要像開始時那樣慎重，就沒有辦不成的事情。

「君子」指有修養、有作為的人，「君子有終」指人必須有所堅持，歷來成大事者都是有始有終的。

人們做事情，總是在快要成功時失敗，所以當事情快要完成的時候，也要像開始時那樣慎重，就沒有辦不成的事情。

老子依據他對人生的體驗和對萬物的洞察，指出「民之從事，常於幾成而敗之。」許多人不能持之以恆，總是在事情快要成功的時候失敗了。出現這種情況的原因是什麼？

老子認為，主要原因在於將成之時，人們不夠謹慎，開始懈怠，沒有保持事情初始時的那種

熱情，缺乏韌性，如果能夠做到「慎終如始，則無敗事」。

老子認為，一個人應發揮智慧或技能的最佳狀態，只有在心理平靜的自然狀態下才能做到。總之，在最後關頭要像一開始的時候那樣謹慎從事，就不會出現失敗的事情了。

現代心理學證實了這一名言。世界上多數偉大的科學家，其智力與我們這些凡人並沒有什麼兩樣，他們成功的秘訣是具有超越凡人的非智力因素：強烈的事業心，吃苦耐勞的幹勁，尤其是持之以恆的毅力和善始善終的精神。

追求的目標越遠大，所要付出的勞動就越多，所要進行的時間也越長，而且，有些工作越到後來難度越大。開始完成的多是些週邊或簡單的工作，到接近尾聲時剩下的都是些硬骨頭，這時就更需要熱情、耐力和毅力。

但事業的可悲和不幸往往就出在這兒：許多人在事業開始時勁頭十足、熱情也高、精力集中，隨著困難的增大和時間的拖長，越到後來就越氣餒，越到最後就越粗心，事情快要辦成了卻甩手不幹了。就像爬山的人快要到達無限風光的頂峰，卻因腰酸腿疼而突然止步，轉臉向山下逃去。

多可惜！

在拳擊比賽時，對手雙方開始是明來明去的較量，慢慢雙方都想暗地裡傷害對方。打麻將開

始是大家在一起尋開心，輸了幾著以後就開始怒目而視甚至拳腳相向，由開心變成了傷心。許多情人或夫妻起初愛得死去活來，最後兩人都恨得咬牙切齒，有的人年青時是時代弄潮兒，到老來卻成了歷史的絆腳石……人類諸如此類笑著出去哭著回來的事不勝枚舉，看來，好的開頭不容易，好的結局就更難，所以英國人說：「誰笑到最後誰笑得最好。」

忍的意義為忍苦、堅忍。所謂「頭懸樑，錐刺股」，就是說的這個忍字。老百姓說，吃得苦中苦，方為人上人；又說，九十九拜都拜了，還有一拜不上頭，也是強調這個忍字的重要。我們要做成一件事，無不有許多困難，如果不能忍，中途退步，就會前功盡棄。尤其生而為人，能夠善始善終地在天地間做一番事業，更是需要數十年堅忍不拔的努力。

就拿讀書治學來說，十年寒窗，考個大學已是不易，不過大學加四年，也只是摸了個門，知道了在何處起步而已。要想有所建樹，還有九十九條河、九十九道坡，非有一種忍勁不行。外交談判，有時也是靠這一個忍字。左右應付，來往辯難，就是不讓步，堅持到最後一分鐘，忍過來了就勝利了。

其實，你來到人世帶來希望，需要無限的耐心等待長大成人。父母相信自己才會相信你，正是因為父母的自信才能維持對你的希望寄以無窮的耐心。有一天，父母失去了自信，你的成長會受到影響，如果父母同時失去對你的希望，他們也沒信心對你負責任，你就會被遺棄或成為別人的孩子了。

人生活在自信和希望之中，當失去自信時還有希望，當失去希望時，靠責任和義務來支撐。當你自信的時候選擇了希望，也同時選擇了責任，你的付出會得到快樂，如果只有痛苦的時候，靠的是耐心。痛苦是難免的，痛苦的結果是絕望，當極度絕望的時候靠的是希望的來臨，或者是渴望一線希望的光芒。

隨著人的成長，你會發現很多事情是週期性的。當你付出努力後希望結果的時候，需要的只是耐心。當你絕望的時候，已經是到了運氣的底部，一個轉捩點，在堅持一下，你的運氣就開始回升了。

也許回升的過程不會一下到頂，但你又看到了希望。有希望的時候，你又會有耐心。當絕望的時候，你會失去耐心。你的運氣由壞變好的轉捩點也僅僅再需要把一點點絕望變為希望，把一點點無奈變為耐心。

烏雲的後面是藍天，不管烏雲擋住你的視線有多久，只要你有相信藍天（希望），總會有雲開日出。耐心來自於你要相信你的希望。你的命靠的是希望，你的運靠的是耐心，你的命運靠的是你的希望和耐心。

耐心是一種品德。除了先天的成分不同，後天的培養決定耐心的大小和程度。價值是靠滿足

需要體現的，包括物質和精神需要，具體在生理、心理、情緒、財務等方面。人們對有價值的對象賦予比較大的耐心。

大人應對小孩給以大一些的耐心，這也是鍛鍊和檢驗你耐心的時候。不過，這一點對多數人不難。對老人、病人和新來的人也應賦予耐心，這是需要學習和努力的，否則，世界上會多一些仇恨。當然，如果你充滿愛心對人，也就有耐心了。

感情會影響價值。無論對人、事或物，一旦有了感情，也就賦予了價值，你會讓自己更有耐心地去面對、等待。

人們為了實現價值會付出耐心。你愛上一個人，其為你終生所求，那麼你要有無限的耐心。也許沒有結果，但過程是由耐心鑄成的。愛你所愛也無怨無悔了。

除了感情和愛以外的物質世界是工作和事業。你的事業成功能體現你的價值。在你成功之前，你願意付出多少耐心取決於你的判斷力和意志力。如果你相信你的判斷並有足夠的耐心，就不怕不能成功。短期內耐心取決於價值，長期來講，耐心決定價值。

14 知道機會到了，要把握機會

知至至之，可與幾也，知終終之，可與存義也。是故居上位而不驕，在下位而不憂，故乾乾因其時而惕，雖危無咎矣。

人最高的智慧要做到對自己、對人、對事，知道機會到了，要把握機會，應該做的就做。

「知至至之，可與幾也，知終終之，可與存義也。是故居上位而不驕，在下位而不憂，故乾乾因其時而惕，雖危無咎矣。」這裡是說，人最高的智慧要做到對自己、對人、對事，知道機會到了，要把握機會，應該做的就做。

看歷史就知道，中國歷史上有幾個人變法，第一個是春秋時的商鞅變法，還有一個是宋代的王安石變法。秦以前原來是公田制度，商鞅變法，一變而為私有財產制，結果商鞅自己弄到被五馬分屍。但是他的辦法好不好呢？好得很，自商鞅變法，秦漢以後，因為私有財產制，產生了最古老的私有思想，社會繁榮富足。到了宋朝王安石，也想走變法的路子，最後又失敗了。

但王安石的所謂新法到底好不好呢？後世評論他是了不起的大政治家，但他不能「知至至之」，那個時代的趨勢還沒有到，他雖有高度的思想、高度的辦法，可是沒有用處，所以要「知至至之」，時機到了便做，則剛剛好，就可與幾也。什麼是「幾」？就是知機，未卜先知，就是知這個幾？等於看電視，手剛搭上開關，在即開未開之間，那一剎那就是幾，要有這樣恰到好處的高度智慧，看準了，時間到了，應該做就做，對了便可改變歷史。

「知終終之」，就是看見這件事，應該下臺的，就「下次再見，謝謝！」立即下臺，永遠留一個非常好的印象在那裡。但這個修養很難做到的，孔子、老子都是這個思想。老子說的「功成、名遂、身退」，就是知終終之。

但「知終」的「知」很難，如懂了這個道理則「居上位而不驕」，雖然坐在最上的位置，也不覺得有什麼可驕傲的，這如同上樓下樓一樣，沒有永遠在樓上不下來的；那麼在下位也無憂，因為時代不屬於自己的，所以人生隨時隨地要瞭解自己。所謂乾乾因其時而惕，要認識自己，時間機會屬於自己就玩一下，要知道玩得好，下來也舒服，這樣縱或有危險，但不至出毛病。

從這裡就看到孔子的思想就是一個「我」，人生如何去安排我，每一個人把自己的自我安排對了，整個大我也安排對了，有許多事往往是因為這個「我」安排得不好，把整個事情砸爛了。

有四樣東西一去不返：說過的話、潑出的水、虛度的年華和錯過的機會。

人的一生中，幸運女神至少光臨過一次。當她發現人們沒有準備好迎接她時，她便從門進來，從窗子出去。

機會是靠自己去把握的，偶然的一次機會與朋友對話中，我頓時體會到了這句話的真正含義。那是在我向上天妥協時，朋友給我的提醒，不應該等待機會，那是弱者的作法，強者是給自己創造機會。

希臘大學者蘇格拉底帶領弟子們來到一塊麥地，要他們去採摘一株最大的麥穗，並且只准前進不准後退，弟子們聽明白後，就去採摘麥穗，他們一會兒看看這株、一會兒看看那株，總不滿意。不知不覺，他們走到了盡頭，雙手空空如也，這時他們才恍然大悟，失去的機會不會再來。

掩卷沉思，弟子們為何沒有採摘到最大的一株麥穗？這片麥地裡究竟有沒有最大的一株麥穗？他們失敗的原因是什麼？這很讓人深思。那些沒有採摘到麥穗的人，他們總認為前面那株才是最大的，機會還有很多。時間就在選擇中、在尋找中流逝，最後就可能一事無成。

面對機遇，我們該怎麼做呢？有的人是主動尋找機會，他決不會錯失良機；有的人則不能做出準確判斷，總覺得機會多，錯過一次沒什麼，結果一次又一次錯失良機，與之擦肩而過；還有的人整天只知道坐在家裡想入非非，沒有實際的行動。我想：機會只會降臨那些有準備、會

把握機會的人的頭上。因為他們知道，抓住眼前的機會是最關鍵的。

再想想自己吧，有著遠大的理想和追求，常把它掛在嘴邊，可落實到行動上，卻與想的有著天壤之別。沒有認真對待每一件事情，腳踏實地過好每一天。這樣看來，追求儘管很高遠，那也不過是空中樓閣、海市蜃樓而已，機會肯定與你無緣。

機會是很多的，但把握住眼前的機會才是最實在的。

很多人成功了。有的是公認的成功，有的是自認的成功。成功有大小之分，你定了一個目標，然後達到目標，別管大小，你應該是取得了成功，雖然別人並沒有感覺到。當然，有時候你在公眾眼裡已是一個成功者，但你自己並不以為然。所以，何為成功並不是一個很重要的問題。

成功會帶來很多結果，自信和尊重應是必不可少的衡量指標。如果所謂的成功帶來的只是金錢（甚至是財富）和大眾的惋惜，那麼成功的途徑並不值得仿效。人們追求成功的目的也有不同，為了造福人類還是僅僅為了自我的實現。

「完善自我兼濟世人」是前輩們的一個境界。成功是一個過程，也是一個結果，它的價值需時間的驗證。在近期內，人們會記得你是怎麼做成的，但很久以後，如果人們也只能記得你是怎麼說的了。

成功有很多種因素。不僅靠聰明，還要有機遇。聰明能幹是必備條件，機遇也是很多人強調的。成功者謙虛地說自己幸運，失敗者不服氣地訴說機遇不公。機遇到底是怎麼回事？機遇是均等的，關鍵是你怎麼把握住它。你可以利用機遇，不可擁有機遇。

「智者無悔」、「勇者無限」，當機遇來在你面前，你是否有智慧識別，有勇氣面對它哪？你是否是一個有準備的人？一個勇者的自信心是獲得成功的關鍵。有自信和自我感覺良好，才不會錯過良機。此外，在當今社會，「出奇制勝」者要比「循規蹈矩」者更幸運。

一位哲人說：人生是一場戰鬥。在人生的戰鬥中，總是與坎坷相伴，追求也常有痛苦相隨。生活中的弱者，面對困難和挫折，猶豫了，害怕了，「認命」了，往往在緊要關頭敗下陣來。強者的行為不同，他們認定一個目標，義無反顧，追求比心更高的山，所以，他們能夠不斷臻於新的人生境界，欣賞到新的人生風景。

人的一生充滿著大大小小的障礙，逆境也好，順境也好，人生就是一場與種種困難的角力，一場無盡無休的拉鋸戰。曹雪芹著《紅樓夢》花的功夫是「披閱十載，增刪五次」，字字看來皆是血，十年辛苦不尋常。

巴爾扎克說過：

「人類所有的力量，只是耐心加上時間的混合。所謂強者，是既有意志，又能等待時機。」

15 決不能盲目行動

不可涉大川

世界上最可悲的事情，莫過於方向不明決心大，自己都不知道要做什麼、能做什麼、在做什麼，就盲目大行動，結局可想而知，除非上帝永遠與你同在。

「大川」指大河，「涉」指渡河，「不可涉大川」指不能渡過大河。羽毛未豐，不可以遠翔；方舟未成，不可涉大川。

不瞭解過去，就難以把握今天，還可能失去未來。對於一個民族是這樣，對於一個人也是這樣。

世界上最可悲的事情，莫過於方向不明決心大，自己都不知道要做什麼、能做什麼、在做什麼，就盲目行動，結局可想而知，除非上帝永遠與你同在。

老子說「道常無為而無不為」（《老子》三十七章），這裡的「無為」乃是指不要妄為、不要亂為、不要強為的意思，因為「不知常，妄作，凶」（《老子》十六章），也就是說，如果不懂得遵守自然規律，而去盲目亂做，就會有「凶」的結果。

老子告誡人們不要自作主張，用主觀的態度去對抗自然規律，要人們凡事都要順從天地自然之理去做，遵守客觀規律，順從自然，這樣就能無所不為，即什麼事都能做成功。

急躁輕率，盲目行動。有些人不研究事物發展的必經過程和階段，不瞭解其發展規律，抱著急於求成的心情輕率地盲目地行動，結果遭到了失敗。

俗話說：「欲速則不達，想快反而慢。」要想在工作中取得成功，必須遵循事物發展的客觀規律及其發展進程，有計劃有步驟地進行，並要有百折不撓的堅強意志。只有那些勤於思考、善於安排的有心人，才有可能取得成功。

古人云：「上兵伐謀，其下攻城」。「伐謀」，就是鬥智，旨在出奇制勝；「攻城」，就是鬥力，全靠奮勇拼搏。為什麼有的地方克難攻堅，無往不勝？為什麼有的地方苦幹實幹，難以脫困？為什麼有的企業起死回生，反敗為勝？為什麼有的企業屢戰屢敗，甚至開張之日就是倒閉之時？原因就在於市場經濟瞬息萬變，險象環生，光謀不幹就會坐失良機，有勇無謀定會折戟沉沙，瞎謀亂幹終將全軍覆滅，惟有善謀實幹，才能天下無敵。

善謀實幹，必須面對現實，力「求於勢，不責於人」。無論何時何地，大到一個國家、小至一個家庭，發展的不平衡肯定存在。或因投入不足、決策失誤，或因資源貧乏、人才奇缺……個中緣由難以盡數。

但是，不論什麼原因，都要面對現實，切不可橫挑鼻子豎挑眼，全盤否定，無情打擊。怨天尤人不能令時空倒轉，求全責備對發展有害無益。

善謀實幹，必須循序漸進，蓄勢而發，切不可急功近利，盲目冒進。你想當老闆，必先當好員工；你想躋身世界五百大，必先塑立新形象，博取人家的好感和信任，與人為善，做好關係。做事情要掌握分寸，堅持適度，在實際生活中要防止和克服不顧分寸盲目亂幹的思想和行為，「過猶不及」。

有這樣一則寓言：一天，楊子的鄰居丟失了一隻羊。

鄰居帶領全家一齊出動去追尋，同時又來請楊子的童僕幫助去找。

楊子聽了，奇怪地問：「咦！僅僅丟失了一隻羊，為什麼這樣興師動眾追尋呢？」

鄰居解釋說：「因為路上岔路太多，人少了難以分頭去找。」

過了一會，找羊的人回來了。

楊子問：「羊找到了嗎？」

鄰居懊喪地說：「岔路之上，又有岔路，不知道該何去何從，無法再追，只好回來了。」

所以做事要保持清醒的頭腦，看到事物的複雜性，避免盲目亂搞。

荀況是我國古代傑出的唯物主義哲學家，他提出「天行有常，不為堯存，不為桀亡」的觀點。同時也明確地提出「明於天人之兮」的思想。荀況認為，天是自然的天，與人世社會的吉凶禍福、興衰治亂不相干的。不僅如此，荀況還在知天的唯物主義自然觀基礎之上進一步提出了制天命而用之的思想。

這個思想更加鮮明地表現了荀況重視人的主觀能動性的唯物主義革命精神。文中「制天命而用之」這一人定勝天的思想告訴我們要積極地發揮個人的主觀

能動性去戰勝大自然，要自己掌握自己的命運。

荀況重視行，重視實幹的思想，並不是脫離知而盲目地瞎闖。相反，他指出「知而行無過」，（《勸學》）闡明了「行」是在有明確的目的指導下進行的。「知」不是目的，「知」是為了「行」。是為「行」服務的，是受「行」指導的。

做任何工作，首先是思路，然後才是方法。比如創新，主要是思路的創新，這是最根本的創新，也是最艱苦、最直接的創新。創新之要敢為先。但敢想不是空想、幻想，而是在具備一定的理論思維層次上，用先進的理論為指導，對事物進行全面的、深刻的、合理的分析、判斷、推理、綜合。其結果應該是新穎、先進、有實用價值。

創新要敢闖。敢闖不是蠻幹瞎闖，不是死讀書、理論至上。而是在準確把握工作全局的基礎上，從實際出發、敢於實踐、敢於冒險、敢於表現、永不言敗。敢闖是一種品德、一種境界、一種精神、一種價值，是創新發展的具體行動，是通往成功的階梯。只有遵從實際敢於實踐，才能真正使思想創新成果轉化為工作創新成果。

16 該進則進，該退則退

變化者，進退之象也。剛柔者，晝夜之象也。

為人處世，當進則進，當退則退；當高則高，當低則低。所謂進退有據，高低有時也。

這是兩個觀念，古時的文字很簡單也很美，它的文學境界，往往騙住了我們的思想。這兩句話，包含的意義很多。「變化」，《易經》告訴我們宇宙間任何事情、任何物理，隨時隨地都在變化，沒有不變的東西。八八六十四個卦，只是兩種爻——陰與陽在變，每一變動，產生一個卦象，每個現象就不同了。變化是代表什麼？「進退之象也」。「進退」，或者是陽多了一個，陽長陰退了，或者是陰多了一個，陰長陽退了，就在這個進退之間，產生變化。為什麼不用「多少」而用「進退」呢？

我們研究古書就要注意這一類地方，這是思想問題。假使用「多少」意義就不同了，沒有

「進退」深刻。「進退」是大原則，是動態，尤其是站在人文文化的立場看，都是一進一退之間的現象，所以變化是進退的現象，非進則退。

在哲學中，常常談到一個問題，就是一般人常說「時代在進步」或「歷史在進步」，但純粹以哲學的立場來討論，就不敢這樣說了，究竟這個時代是不是在進步？要看用的標準是什麼。以東方文化、以人文文化來講，以古今的書籍、大家的著作比較，就覺得人文在墮落、在腐化。

所以我們中國人動輒稱道上古如何，認為越到後來，人越墮落、越腐化，歷史並沒有進步而是在退化。但單以物質文明來說，時代真地又在進步，所以說時代歷史到底是在進步或退步，這是很難講、很難推定的問題。所以進退之間，要看在哪一個範圍、用哪一個標準、站在哪一個角度上說話。

歷史上有些人可以做到這樣，舉例來說，道家所標榜南北朝時候的陶弘景，有名的所謂山中宰相，南北朝幾個皇帝，大事都要請教他，但他永遠不出來，不做誰的官。像這一類人，所謂上下無常、進退無恆的人，中國歷史上蠻多，可是他的情感，對於社會、國家的貢獻，並沒有忘記，並不是專門為私。

所以，人生是需要好好把握的。

一日，龍虎寺禪院中的學僧正在寺前的圍牆上畫一幅龍爭虎鬥圖。圖中龍在雲端盤旋將下，

虎踞山頭，作勢欲撲，雖然修改了很多次，學僧們總認為圖中缺少點什麼，正巧，無德禪師從外面回來，學僧就請他代為評鑑一下。

無德禪師看後說道：「龍和虎的外形畫得不錯，但龍與虎的特性你們知道多少呢？既然是龍爭虎鬥圖，你們就應該明白，龍在攻擊之前，頭必須向後仰；虎要上撲時，頭必然向下壓低。龍頸向後的屈度越大，虎頭越貼近地面，它們也就能衝得更快、跳得更高。」

學僧們聽後恍然大悟道：「老師真是一語中的，難怪我們總覺得太過僵硬，原來我們不僅將龍頭畫得太低，虎頭也畫得太高了。」

無德禪師借機引申道：「為人處事、參禪修道的道理也一樣。退一步準備之後，才能衝得更遠；謙卑反省之後，才能爬得更高。」

學僧不解地問：「退步的人怎能向前？謙卑的人怎能更高？」

無德禪師嚴肅地說：「你們聽聽這首詩——」

「手把青秧插野田，低頭便見水中天，六根清淨方為道，後退需知是向前。」

學僧聽後，終於大悟。

正如人的性格多變，既有自尊之時，頂天立地，孤傲不群，有如龍抬頭、虎相撲；也有自謙之時，猶如龍縮首、虎低頭。為人處世，當進則進，當退則退；當高則高，當低則低。所謂進

退有據，高低有時也。

世界千姿百態，豐富多彩，人生遭遇和貧富貴賤各不相同，有的平安富足一生，有的坎坷貧賤一世。為什麼會有如此差異？怎樣預知未來，趨吉避凶？預測人生，把握機遇？

當你瞭解人生之後，則人生就掌握在你手中，行好運時宜把握良機，努力奮鬥，開創美好前程。行壞運時，應宜守為安，勿踏危機，減少災害。若是吉凶參半時，得意須防失意，往來知節要穩步，進退謹慎要三思。

只有知命，才能改善自身在宇宙之間的處境，避開不利的時間和空間，在有利的時間和方位去求得發展，以便在這個大千世界上創造一個輝煌的人生。

太極為有為之道，有為之道總有不測之時。《易》曰：陰陽不測之謂神。不測之神如何得之。惟由有為入無為方是神之道。故，太極化為無極為神道。

得太極無極則易道易神皆得。是故，見象知類之謂人，由象得理之謂智，由理得道之謂聖，得無極者之謂神。此為易道之全部精華。得此精華則成聖成神，用以預測則如神開口，用以治病則藥到病除，用以改命則命皆由我，用以安邦則國泰民安，小用小成，大用大成，自由自在，超然物外。

正如林語堂在《愛好人生者：陶淵明》一篇裡所講：「也許有人以為陶淵明是『逃避主義

者』，但事實上他絕對不是。他要逃的是政治，而不是生活本身。……他是愛好人生的。在他的眼中，他的妻兒是太真實了，他的花園，那伸到他庭院裡的樹丫枝，他所撫摸的孤松，這許多太可愛了；他僅是一個近情近理的人，他不是邏輯家，所以他要周旋於周遭的景物之間。所以，結果是和諧，不是叛逆。」

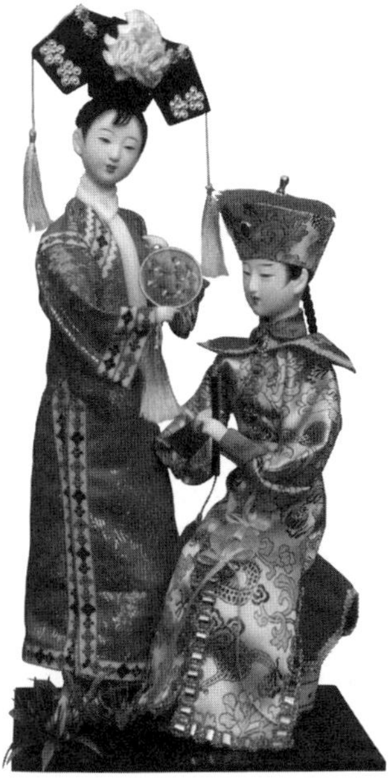

17

苦難是一所學校教人奮發向上

往蹇來譽

只有在泥濘裡行走，生命才能留下深刻的印痕。苦難，可以豐滿我們的人生！

「蹇」，晦運。「往蹇來譽」意思是苦盡甘來，苦難會給人榮譽。當然，只有戰勝了苦難才會贏得榮譽。

中國有句成語說，苦盡甘來。另一句又說，吃得苦中苦，方為人上人。這些都是鼓勵人在面對苦難的時候要忍耐，要有個盼望。

是否每一個人都會苦盡甘來，吃得苦中苦的是否必然成為人上人呢？事實上也不一定。苦難有的是人生必須面對的經歷，苦後不一定甘來。

人世間有許多苦難，大致可分為兩類：天災和人禍。天災：如水災、旱災、蟲災、地震等，給人帶來許多苦難。當面對這些天災時，人不能喊出人定勝天的口號，人的力量可以避免、預防天災，但不能抗拒天災。人禍：則出自人為，人對事情處理不當就有災禍。現代戰爭，車禍死亡等等都構成人禍。當苦難臨頭的時候，我們要不是想躲避它，就是想找人幫助，靠人力來解決，到最後沒有辦法就只能聽天由命了。

最近認識一個朋友，是個農民，做過木匠，做過泥瓦工，收過破爛，賣過煤球，在感情上受過致命的欺騙，還打過一場三年之久的麻煩官司。現在他獨自闖蕩在一個又一個城市，做著各種各樣的行業，居無定所，四處飄蕩，經濟上也沒有任何保障，看起來仍然像個農民，但是他與其他鄉村裡的農民不同的是，他雖然也日出而作，但是他不日落而息，他熱愛文學，寫下了許多清澈純淨的詩歌。每每讀到他的詩歌，都讓我覺得感動，同時驚奇。

「你這麼複雜的經歷怎麼就會寫出這麼柔情的作品呢？」我曾經問他，「有時候我們讀你的作品總有一種感覺，覺得只有初戀的人才能寫得出。」

「那你認為我該寫什麼樣的作品呢？《罪與罰》嗎？」他笑。

「起碼應當比這些作品沉重和暗淡些。」

他笑了說：「我是在農村長大的，農村人家家都儲糞。小時候，每當碰到別人往地裡運糞時，我覺得很奇怪，這麼臭這麼髒的東西，怎麼就能使莊稼長得更壯實呢？後來，經歷了這麼

多事，我都發現自己並沒有學壞，也沒有墮落，甚至連麻木也沒有，就完全明白了糞和莊稼的關係。」

我看著他，他想做一個怎樣的比喻呢？

「糞便是髒臭的，如果你把它一直儲在糞池裡，它就會一直髒臭下去，但是一旦它遇到土地，情況就不一樣了，它和深厚的土地結合，就成了一種有益的肥料。對於一個人，苦難也是這樣，如果把苦難只視為苦難，那它真的就是苦難，但是如果你讓它與你未來世界裡最廣闊的那片土地去結合，它就變會成為一種寶貴的營養，讓你在苦難中如浴火鳳凰，體會到特別的甘甜和美好。」

這個苦難的人，他是對的。土地轉化了糞便的性質，他的心靈轉化了苦難的流向。在這轉化中，每一場滄桑都成了他唇間的烈酒，每一道溝都成了他詩句的花瓣。它文字裡那些明亮的嫵媚原來是那麼深情雋永，因為其間的一筆一畫都是他踏破苦難的履痕。

他讓苦難芬芳，他讓苦難想醉透。能夠這樣生活的人，多麼讓人欽羨。

從前看過一則關於鑒真和尚的故事。

話說鑒真和尚剛剛剃度入空門的時候，寺裡的住持安排他做了誰都不願做的行腳僧。每天風裡來雨裡去，吃苦受累不說，化緣時還常常吃白眼，遭人譏諷挖苦，成績一點也顯現不出來。為此鑒真感到憤憤不平，產生了對抗情緒。

一天，日已三竿，鑒真仍舊睡著不起，住持感到納悶，於是親自去了他的房間。推開門，一股臭味頓時撲鼻而來，住持向裡面看了看，原來在鑒真睡的床邊堆了一大堆破破爛爛的芒鞋。住持叫醒鑒真問道：「你今天不外出化緣，堆這麼一大堆芒鞋在房間做什麼？」

鑒真打了個哈欠，滿懷怨言地說：「別人一年一雙芒鞋都穿不破，可我剛剛剃度一年多，就穿爛了這麼多鞋子，我是不是該為廟裡節省些鞋了？」

住持聽了鑒真的話，馬上就明白他的心思，微微一笑，說：「昨晚寺裡下了一場大雨，你隨我去看看吧。」

鑒真雖然不知道住持要做什麼，但還是跟著住持到了寺前的大路上，由於是黃泥路，路面經過一夜雨水的沖刷，變得坑坑窪窪，泥濘不堪。這時住持開口問鑒真：「你是願意做一天和尚撞一天鐘呢？還是想做一個能光大佛法的名僧？」

鑒真說：「我當然希望能光大佛法，做一代名僧，但

我一個人人都瞧不起的苦行僧，憑著一雙腳和一大堆爛鞋，如何去光大佛法？」

主持撚鬚一問：「你昨天是否也在這條路上走過？」

鑒真說：「當然！」

主持問：「你能找到自己的腳印嗎？」

鑒真摸著腦袋不知所然地說：「昨天這路又坦又硬，小僧哪能找到自己的腳印？」

主持反問道：「那今天我倆來此走一趟，你能找到自己的腳印嗎？」

主持的反問一下子便讓聰明的鑒真領悟了其中的禪機：那些一生碌碌無為的人，不經風不淋雨，沒有起也沒有落，不正就像是一雙腳步踩在又坦又硬的大路上嗎？腳步抬起，什麼也不會留下。而那些經風淋雨的人，他們在苦難中跋涉不停，不正就像一雙腳行走在泥濘裡嗎？腳印印證著生活的坎坷磨難，也印證著人生的價值。

從此，鑒真和尚端正了自己的態度，憑著自己堅定的信念，踏遍了彌漫著櫻花醇香的扶桑泥土，最後終於成為了一名今世人景仰的佛教名僧。

我想人生大抵如此：只有在泥濘裡行走，生命才能留下深刻的印痕。苦難，可以豐滿我們的人生！

苦難是人認識社會、理解人生的主動教材，苦難是人成熟的機會：苦難是競爭社會中人面臨的必然挑戰。苦難中是需要的最堅定的人格和不屈的鬥志……

大凡成功者，大多走過的是一道曲折充滿血汗的苦難歷程。而對生活最大的挑戰就是來源越貧困越能使人在磨難中脫穎而出。幼時的貧困對有志者能培養一種先天競爭意識，在生活的最底層努力掙扎向上，不斷進取、不斷攀登，以至到達成功的巔峰。一路的艱辛，一路的苦難，終而培養出超越常人的堅強鬥志。

苦難是一所學校，鬥志堅強的人在這所學校優秀地畢業，坦蕩走向世界未來，克服了人生道路上一個又一個的困難：而鬥志薄弱者則過早輟學，在苦難面前在逆境面前倒下了。

古往今來，有多少豪傑人士出自貧困的家庭，吃盡生活中的苦難。寒門生貴子，白屋出公卿；窮且益堅，不墜青雲之志。比利之子出身於球王之家，而比利卻認為兒子一定不如老子是因為他的兒子一出生就擁有了別人在苦難中苦苦掙扎，經過萬險才得到的東西，缺乏先天競爭意識。

所以說，苦難是一所學校，只有你在這所學校畢了業，就能毫不畏懼地昂首走你的人生路。

18

最高的道理，也是最平凡的道理

乾以易知，坤以簡能，易則易知，簡則易從；易知則有親，易從則有功；有親則可久，有功則可大；可久則賢人之德，可大則聖人之業；易簡而天下之理得矣，天下之理得，而成位乎其中矣。

知識是死的，水準是活的。知識是第一步，是工具；如果你能正確運用知識，把一切深奧的東西說得淺顯明白，那才是水準。

「乾以易知，坤以簡能」只這八個字，如把「以」字拿掉，實際上只六個字，解說起來可麻煩得很，如「易知」的易，到底是《易經》的易，還是容易的易？

這句話是說乾卦的功能，也是宇宙的功能，要怎樣去瞭解它？也可以說懂了《易經》，就可以瞭解它。「乾以易知」，第二個解釋也可以說宇宙的功能是很容易懂的。我們認為以第二個解釋對，因為下面說「坤以簡能」，這個簡字也有兩個觀念，一個是簡單的意思，另一個則是揀選的意思，如我們的文官有簡任、委任，就是揀選的意思。

古代皇帝派一個欽差大臣出去，也稱揀選，就是特別挑選出來的意思，可以說是精選，而在這裡的「坤以簡能」的「簡」，是簡單容易，就是說《易經》的法則，不要看得太難，而是簡單容易的。

自古以來，《易經》的學問，總被「神秘」這個觀念擋住了，這是錯誤的，真懂了《易經》，一點都不神秘，最高的道理，也是最平凡的道理，這兩句話，就是告訴我們《易經》是最平凡的。

「易則易知，簡則易從；易知則有親，易從則有功；有親則可久，有功則可大；可久則賢人之德，可大則賢人之業。」這幾句話的文字，都可以看得懂，不必一字一句解釋了。這幾句話的文字非常優美，但在研究人文文化上，有一點要注意的，儒家孔孟的思想，道家老莊的思想，乃至諸子百家的思想，都是從《易經》來的。

這裡可以看到孔子把這一套思想拿來做人文思想。所以下面他說：

「易簡而天下之理得矣，天下之理得，而成位乎其中矣。」

這裡孔子明白告訴我們一個道理，即天地間最高深的道理最平凡，有些事所以會看不懂認為高深，乃是因為我們的智慧不夠。天下之理在哪裡，是「成位乎其中」。所謂「成位」，以現

代的觀念來說，就是「人生的本位」或者「人的生命的價值」，生命的法則，生命的意義，都可以在中間找出來的。

有一句話是這樣說的，大概是揶揄那些書呆子吧——「把簡單的問題說複雜，需要知識；把複雜的問題說簡單，需要水準。」

知識是死的，水準是活的。知識是第一步，是工具；如果你能正確運用知識，把一切深奧的東西說得淺顯明白，那才是水準。

千萬不要誤以為自已有知識，把原來大家都明白的事理，搞得似是而非，讓人摸不著頭腦。另外，在行事上，要崇尚簡要、明白，不要放個屁，還要有一、二、三點，先兩腿分開，然後凸肚皮，才可以開始放屁之類。

《易經》的《系辭上》說：「易簡，而天下之理得矣；天下之理得，而成位乎其中矣。」這一句話很重要，是一個在社會上取得地位的金鑰匙。人瞭解了簡易與容易的原理，就已經領悟了天下一切事物的道理。領悟天下一切的道理之後，就能在天與地之間，確立人的地位，與天地並立了。

19

沒有恆心，那人生一切都不必談了

立心勿恆，凶

「先有非常之人，才有非常之事」。這話應該再補充一句：先有非常之心，才有非常之人。有什麼樣的心，決定了有什麼樣的人；什麼樣的人，決定了做什麼樣的事；什麼樣的事，決定了取得什麼樣的結果。

「勿恆」即「無恆」，「立心勿恆」指沒有恆心，這樣會面臨兇險。

南齊永明年間，有個法名叫僧護的僧人來到石城山，做了隱岳寺的住持。

一天早晨在隱嶽寺東側傳來一曲美妙動聽的樂曲，由遠至近，十分動聽，他感到奇怪，就步出廟門，循聲音向前走去。登上仙髻岩，果然這鳳鳴龍吟的音樂聽得更清晰了。

當他驀然回首，卻意外地發現，仙髻岩的千尺岩壁之下，在那平靜如鏡的龍潭之中，彷彿倒映著一尊端莊慈祥的彌勒佛像。

僧護心想這是佛的預兆，立願要在這仙髻岩上，鑿出一尊高大的彌勒石像。於是，僧護就忙開了，砍柴燒炭，壘石築爐，採集工具，然後伐木搭架，開始鑿佛。這仙髻岩實在太堅硬了，鑿一下，岩上只顯出一個小小痕跡，這樣日復一日，年復一年，連一個佛的頭也沒鑿成。

有一天，僧護心裡悶悶不樂，踱出山門，到寺門外散散心，忽然看見有兩個婦人在爛泥田中，一仰一合前後搖個不停，仔細一看，兩個婦人手裡捏著一根繩，中間繫著一個石杵，這石杵隨著兩個婦人的俯仰，在爛田中來回移動，這石杵已磨得精光錚亮，這田也被磨得凹下去變成一口池塘，即今日的放生池。

僧護從石杵磨成針的過程，從中得到了「功夫不負有心人」的啟示，返回寺裡繼續鑿佛。僧護終其一生，僅僅鑿了一個面樸，臨終時，對寺裡的僧眾說：「再生當就吾志」。

僧護死後，過了一些年月，又有一個叫僧淑的和尚到隱岳寺，繼續鑿彌勒佛像。僧淑率領眾人鑿呀鑿呀，冬去春來，也不知鑿了多少年，一尊巨大的彌勒石像已經有點眉目了，但膚淺得很。再繼續鑿吧，爐子塌了，鐵鑿磨平了，鷹架踢了，資金也短缺。產生了停鑿的念頭。

僧淑憂心忡忡地踱出山門，走到象鼻山下，看見有兩個小孩用一根稻草芯在一塊大岩石上來回牽動，岩石下已堆滿了草粉。僧淑看到覺得奇怪，就問兩個小孩：「你們是在磨草粉，還是在鋸岩石？」兩個小孩齊聲回答：「鋸岩石！」又問：「能鋸開嗎？」兩個小孩「虎」地站起來脫去上衣，笑嘻嘻地說：「只要有恆心，鋸岩何愁稻草芯？！」僧淑猛地握住兩個小孩的手，說：「對啊！只要有恆心，萬事能做成！」於是僧淑返回寺院，不分白天黑夜，專心致志地雕鑿著彌勒石佛，一直到死。

兩個小孩用稻草芯鋸岩石的地方，叫它「鋸解岩」。

不知過了多少年，隱嶽寺又來了一位和尚，名叫僧右。僧右是受建安王蕭偉的派遣，來隱岳寺主持雕鑿石佛工程。僧右一到隱嶽寺，鋪開了比僧護、僧淑更加龐大的鑿佛場面。把仙髻岩鑿進五丈深，十丈高的大石窟，在窟中雕鑿彌勒石像。在西元五一六年終於鑿成功了。

有人說，彌勒佛像鑿成功，是終身鑿佛的僧護、僧淑、僧右三個和尚，都是大佛寺的開山祖師曇光法師轉世的，這僅是傳說，不足為信，可是後人對三個和尚以畢生的精力完成這一巨大的藝術傑作表示讚歎：「名山入剡昔賢風，文士高僧托跡同。最是石城大佛寺，三生哲匠奇天工。」

這則故事給後人一點啟示，做任何工作，只要具有鍥而不捨的精神，勝利一定屬於堅持者。勝利貴在堅持，要取得勝利就要堅持不懈地努力，飽嘗了許多次的失敗之後才能成功，即所謂的失敗乃成功之母，成功也就是勝利的標誌，也可以這樣說，堅持就是勝利。

古往今來，許許多多的名人不都是依靠堅持而取得勝利的嗎？

荀子說：「騏驥一躍，不能十步，駑馬十駕，功在不捨。」這也正充分地說明了堅持的重要性，駿馬雖然比較強壯，腿力比較強健，然而它只跳一下，最多也不能超過十步，這就是不堅持所造成的後果；相反，一匹劣馬雖然不如駿馬強壯，然而若它能堅持不懈地拉車走十天，照樣也能走得很遠，它的成功在於走個不停，也就是堅持不懈。

這也就像似龜兔賽跑：兔子腿長跑起來比烏龜快得多，照理說，也應該是兔子贏得這場比賽，然而結果恰恰相反，烏龜卻贏了這場比賽，這是什麼緣故呢？

這正是因為兔子不堅持到底，它恃自己腿長，跑得快，跑了一會兒就在路邊睡大覺，似乎是穩操勝券，然而烏龜則不同了，他沒有因為自己的腿短，爬得慢而氣餒，反而，它卻更加鍥而不捨地堅持爬到底。堅持就是勝利，它勝利了，最終贏得了比賽。

「水滴石穿，繩鋸木斷」，這個道理我們每個人都懂得，然而為什麼對石頭來說微不足道的水能把石頭滴穿？柔軟的繩子能把硬梆梆的木頭鋸斷？說透了，這還是堅持。一滴水的力量是微不足道的，然而許多滴的水堅持不斷地衝擊石頭，就能形成巨大的力量，最終把石頭沖穿。同樣道理，繩子才能把木鋸斷。

功到自然成，成功之前難免有失敗，然而只要能克服困難，堅持不懈地努力，那麼，成功就在眼前。

古語云：「先有非常之人，才有非常之事」。這話應該再補充一句：先有非常之心，才有非常之人。有什麼樣的心，決定了有什麼樣的人；什麼樣的人，決定了做什麼樣的事；什麼樣的事，決定了取得什麼樣的結果。

歸根到底，在於有什麼樣的心。有時一個念頭就可以決定你的一切。誰都會有這樣的經驗：做一件事，如果你抱定非做成不可的決心，在做的過程中就會竭盡全力、動用你的一切力量，不怕困難，堅持到底，結果多半都會成功；如果一開始心裡就是動搖的，可做可不做，或者認定做不成，做的過程中就會缺乏勁頭，並容易洩氣，容易半途而廢，多半事情就做不成。

所以托爾斯泰才會說：「決心即力量，信心即成功。」

所以奧斯丁才會說：「這世界除了心理上的失敗，實際上並不存在什麼失敗。」

在做一件事上如此，整個人生也是如此。只有認為自己行的人才能贏，只有認為自己能夠成為偉人才能如願以償。

20

難得糊塗

察見淵魚者不祥

連深淵水底的魚，河中渾水裡的魚有多少條、在怎麼動也看得清楚，不要自以為很精明，實際上很不吉利，說不定會早死，因為精神用得過度了。

「察見淵魚者不祥」，做人的道理也是這樣。不要太精明，尤其做一個領導人，有時候對下面一些小事情，要馬虎一點，睜隻眼閉隻眼，自己受受氣就算了，他罵我一頓就罵我一頓。一定要搞得很清楚，「察見淵魚者不祥」，連深淵水底的魚，河中渾水裡的魚有多少條、在怎麼動也看得清楚，不要自以為很精明，實際上很不吉利，說不定會早死，因為精神用得過度了。

上面這些原則千萬要把握住，如此人就舒服了。

美國著名的心理學家納特．史坦芬格做過這樣一個實驗：要求四名前來求職的人，要一邊做

自我情況報告的錄音，一邊用小型的煮爐煮牛奶。

第一位求職者聲稱：自己學習成績優秀，而且有出色的社會活動能力。他在報告最後特意提到牛奶煮得很好。

第二位求職者的報告的內容與第一個人相差無幾，但他在報告的最後說，他不小心碰翻了煮爐，牛奶也煮糊了。

第三位的情況和前面兩位不同。他說自己的學業很糟糕，而且社會組織活動能力不怎麼樣，但他的牛奶煮得相當棒。

第四位的自我報告和第三位相似，並且牛奶也煮得差勁。

史坦芬格認為，所有求職者都可以歸於上述四類人之中，第一類人：十分完美，毫無欠缺；第二類人：非常完美，略有欠缺；第三類人：欠缺，有小長處；第四類人：毫無長處。

表面上看來，似乎第一類人成功的幾率應該更大，但現實的天平卻傾向於第二類人。因為人畢竟還是現實的，都會有或大或小的毛病，不可能做到面面俱美。同時，一個人如果鋒芒畢露，會讓老闆覺得你華而不實或者故意做作，甚至還擔心淺水養不住你這條大魚。

所以，如果你是十分出色的人才，在求職時，大可不必去掩飾個人的一些小毛病，有意無意地賣點「傻」、學點笨，使人覺得親近，更容易讓人接受。

中國人有一種思想叫做藏拙，意思是你會的東西但是不一定要做，你明白的道理不一定要說，自己明白就好了。我不以為意，知道的為什麼不說？會做的為什麼不做？只不過看心情罷了。

忽然想起郭靖，忽然想起黃蓉，楊過還有小龍女，黃蓉不是聰明絕頂，郭靖是笨的夠可以的了，可是為什麼郭靖會左右互搏，而黃容卻學不會，你說他們誰笨，金庸說是黃容太聰明反而靜不下來，而郭靖卻心無旁騖。

就好像，一個碗，中間是空的，只有中間是空的碗才能裝飯，要是中間是實心的，就裝不了飯了，只有空的碗才可以裝飯，是不是說空虛的要比實在的有用得多呢？

又比如一間房子，裡邊空的才可以往人，如果一個死的實的，卻又有什麼用，算不算「大盈若沖」呢？

鄭板橋有一風行天下的條幅：「難得糊塗。」難得糊塗之「糊塗」，與孔子所謂其愚不可及的「愚」近似。

人生在世，睜眼一看，多的是小聰明，伶俐奸巧、營利、謀私、保身、求榮，芝麻大的好處都不肯放過，必欲弄到手而後快，處處要表現自己的能事，處處賣乖取巧。但是，上帝是公平的，善於運用伶俐機智取得眼前利益的人，它不讓他們接近那些大事業、大成果；過於取巧的人，它常常想辦法摧折他。

俗語說：「聰明反被聰明誤。」《紅樓夢》曲子說：「機關算盡太聰明，反誤了卿卿性命，生前心已碎（指王熙鳳為逞能、拈酸、謀財操碎了心），死後性空靈（指連自己的女兒巧姐都保護不了，流落到鄉野人家）。」這大概也算一大教訓吧！」

北宋蘇軾《說兒詩》說：

人皆養子望聰明，我被聰明誤一生。
惟願生兒愚且魯，無災無難到公卿。

這裡不只是表現了作者的憤激，主要還是表現了一種對愚智的嚮往（文人往往最缺少愚智！）。

大智若愚，難得糊塗歷來被推崇為高明的處世之道。只要你懂得裝傻，你就並非傻瓜，而是大智若愚。做人切忌恃才自傲，不知饒人。鋒芒太露易遭嫉恨，更容易樹敵。功高震主不知給多少下屬臣子招致殺身之禍。

人際交往，裝傻可以為人遮羞，自找臺階；可以故作不知達成幽默，反唇相譏；可以假癡不癲迷惑對手。你必須有好演技，才能「癡」得可愛，「瘋」得恰到好處。誰不識個中真相誰就會被愚弄；誰能不領會大智若愚之神韻，誰就是真正的傻瓜、笨蛋。

古語說得好：「滿招損，謙受益。」一個人即使並不自滿，而只是才華橫溢，鋒芒畢露，也都容易受到別人的攻擊，受到損傷。因為你的流光溢彩使周圍的人相形見絀，黯然失色，所以，你越能幹，事情做得越完美，就越得罪人。

也許你完全沒有意識到這一點，甚至百思不得其解。可事實就是如此，人們完全可以這樣想：「都是爹媽生的，你憑什麼？！」

所以，凡事當留有餘地，不那麼鋒芒畢露，咄咄逼人，使人家感到需要你卻不受到你的威懾。

要做到這一點，有時就需要裝「傻」了。這就是「以能問於不能，以多問於寡，有若無，實若虛」。明知故問，給別人一個表現的機會；明明知道他不如自己，也去向他請教；明明自己懂得很多，但把它埋藏在心底，表面上做出一副什麼都不懂的樣子。有了這些，再加上人家冒犯了自己也不針鋒相對地去計較，不以牙還牙、以眼還眼，這就不會對他人構成威懾了，反過來，自己也就可以減少一些他人的攻擊和中傷了。

當然，這樣做的結果，你也會失去很多，至少是謹小慎微。活得不那麼瀟灑自如了罷。更何況，對很多人來說，天性註定如此。所謂「才華橫溢」，才華多了它就是要「溢」出來；所謂「鋒芒畢露」，既有鋒芒，它就是要「露」，要「脫穎而出」。

這樣看來，「傻」也不是人人可以裝得出的，要裝「傻」，也的確要掌握裝「傻」的藝術才行啊！

鋒芒太露而惹禍上身的典型在舊時是為人臣者功高震主。打江山時，各路英雄彙聚一個麾下，鋒芒畢露，一個比一個有能耐。主子當然需要借這些人的才能實現自己圖霸天下的野心。但天下已定，這些虎將功臣的才華不會隨之消失，這時他們的才能成了皇帝的心病，讓他感到威脅，所以屢屢有開國初期廝殺功臣之事，所謂「殺驢」是也。韓信被殺，明太祖火燒慶功樓，無不如此。

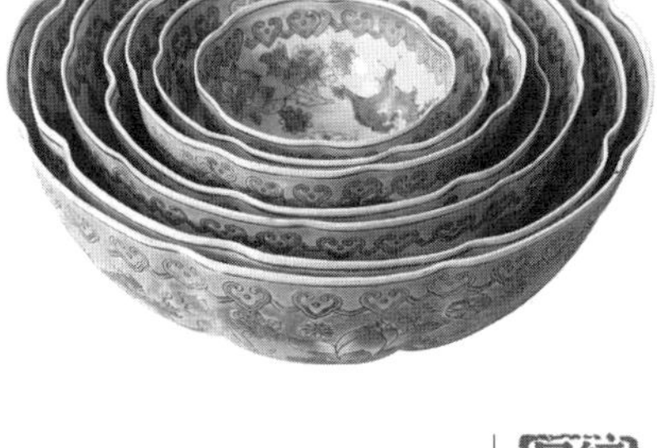

21 任何時候尊重別人都沒有害處

敬之無咎

尊重別人是很平凡的人也能做到的，因為「尊重」是無分程度的，它包括：一個親切的笑容、一句真誠的問候或是一個關懷的眼神……

「敬之」就是尊敬對方，「無咎」就是無害，「敬之無咎」就是對事業夥伴、甚至競爭對手都要講規矩，要尊敬對方，這樣才不會埋下禍患。

在現代社會人與人的交往中，尊重別人，尤其是尊重別人的人格，是最基本的做人的原則。如果這一道德底線被破壞，那麼這個社會就失去了人們和諧共存最重要的基礎，就會「天怒人怨」。

在當今這個浮躁的社會中，不尊重別人的人格，似乎已成為一種流行病，有蔓延氾濫之勢。

有一則故事，讓我久久不能忘懷。

故事的內容是這樣的：

一天，一位老人在院子裡乘涼，過來一位想租房的客人問：「你們這裡的鄰居如何，是否好相處？」老人笑曰：「你們那裡的鄰居如何？」租房者說：「很糟，一個比一個難相處。」老人笑曰：「彼此，彼此。」租房人扭頭走了。不一會兒，又來了一位租房者，向老人問同樣的問題，老人依然以問作答。

來人說：「我們那兒的鄰居一個比一個好，大家互相幫助，和睦相處，真捨不得離開他們！」老人還是笑答：「彼此，彼此，我們這裡也一樣。」

故事如此平淡，但頗有些歷久彌香，所有的複雜都是人為的產物。別人對你的一切態度其實都取決於你對別人的態度。故而，尊重別人就是尊重你自己。

最近，在一些網上社區閒逛了一下，發現這個虛擬的數字社會，好像也染上了同樣的病症。詆毀謾罵、惡言相向、隨意刪貼之不尊重別人人格的事，不時可見。

或者有人覺得，在網路這個虛擬的社會，本就可以為所欲為，把在現實生活的這種劣行帶到網上，甚至還有所放大。

其實，網上社會只不過是現實生活的數位化，數位社會不過是人類社會的一種新的外在形式而已，其遵循的道德準則，以及法律規範，與現實社會是一樣的。法律在網上適用，道德同樣

在網上適用。

在電腦後面的，都是一個個真實的人。雖然有「專家」說在網上跟你聊天的可能是條狗，但小弟至今還未有幸見個這種聰明的狗，據我所見所聞，坐在電腦前面的，還是一個個活生生的人。

既然如此，我覺得，無論是在現實社會還是網上虛擬的社會，大家都應該互相尊重，尊重別人的人格，才能得到另人的尊重。——尊重別人，才能尊重自己。

尊重別人並不是一件很複雜、很難的事。

尊重別人是很平凡的人也能做到的，因為「尊重」是無分程度的，它包括：一個親切的笑容、一句真誠的問候或是一個關懷的眼神……

對一些人來說，「尊重」就像隔住一個可愛、和諧的世界的阻礙物。如果你只是一味地退縮，不去面對，那麼你只能徘徊在起點，不知道幸福離你不遠。

尊重別人，也包括尊重你的對手。

在日常生活裡，時時事事會碰到你的對手。一般地說，希望對手是合作而不是較勁。但是仔細想來，較勁的對手也好處多多。

譬如，有人喜歡對你挑剔，你就會在他面前顯得特別謹慎；有人對你心存妒忌，你就在他那裡不會鋒芒畢露；有人學識才幹比你高強，你在他面前就會不敢班門弄斧；有人善意指出你的缺點，你就會冷靜地閉門思過等等。

其實有個競爭的對手，好比自己有了一面鏡子隨時可以發現自己的污穢而清除；好比自己有了一位跟蹤的老師，經常有人對你耳提面令；好比自己有了一個督導的隨從，隨時都會糾錯你的舉止言行……

君可見，許多新聞媒體在報導當地某些官員的政績時，常用許多資料與別地別人比較，比較就是尋找對手，從中肯定成績，找出差距，學到長處，受到鞭策。我想個人也是如此，如果一個人是井中之蛙，坐井觀天，見不到競爭的對手，老子天下第一，那樣肯定是不會激勵自己進步。

現在有些有權有勢的人，天馬行空、獨往獨來，與人交往只求迎合、喜歡捧場。討厭那些對他監督、批評、挑刺、比賽的對手，認為這些人對他過意不去，是對他事業前程的障礙。其實這是一種有害的誤解。

一個從屬社會的人在生活中，好比一局棋中的一方。棋逢對手，互爭輸贏。雙方都得按棋規行動。每一步都要三思而行。一著不慎，滿盤皆輸。這樣的競賽，逼使人來不得半點馬虎。你看這樣的比賽多麼精彩，多講效益。

弈棋棋逢對手樂趣多多，做人有競爭督導的對手，也會使你更多進步！有人說，真正認識你的人，除了你的朋友，就是你的對手。因為你的對手他注意發現你的不足與過失，如果你尊重對手視為朋友，他會使你強大起來。如果把你的缺點錯誤掩飾起來，甚至加以吹捧的人，你卻視為朋友，那就大錯特錯。

22

樂天知命者無憂

旁行而不流，樂天知命，故不憂。

「獨善其身，兼濟世人」是一個相互滲透的過程，「刻意地為我，隨意地為他」已經是人生不可多求的境界，其結果收穫最大的還是你自己。

樂天知命，知道自己，也知道天命，永遠是樂觀的人生。

友人說，一切宗教都是悲觀的，尤其佛家的大慈大悲是講悲的，只有中國儒家講樂。像《論語》上幾乎沒有悲字，都是樂。

有一本明朝的筆記，曾經說過《論語》上所談的都是「樂」字，而不談「悲」，這也是中國文化不同的地方。

談生命只談生的這一頭，不談死的那一頭。人多半是悲觀的，本來生命是很可憐的，以另一

個角度看是很令人悲觀，但以《易經》的角度看生命，是樂天知命、很樂觀的，沒有憂愁。

在《列子．仲尼篇》中的開頭，有一則近於寓言式的故事，內容是孔子和弟子顏回關於「樂天知命故無憂」還是「樂天知命有憂甚大」的對話：

孔子閒居，子貢進去侍候，見老師面露憂愁。子貢不敢問，出來告訴了顏回。顏回卻取琴而彈，唱起歌來。孔子聽見了，把顏回叫進來，問：「你為什麼獨自快樂？」顏回說：「你為什麼獨自憂愁？」孔子說：「先說說你的意思。」顏回答道：「我過去聽老師說，『樂天知命故不憂』。這就是我快樂的原因。」

孔子愀然動容了一會，說：「這不過是我從前的言論罷了，現在我對你說實話罷。你只知道樂天知命無憂，還不知道樂天知命有很大的憂慮呢。……從前，我修訂《詩》、《書》，刪正禮樂，準備用它來治理天下，遺留後世，並不僅僅為了個人的修身，治理魯國而已。

但魯國的君臣一天比一天喪失等級秩序，仁義越來越衰落，人情越來越澆薄。我的道在我活著的時候都無法在一個國家推行，更何況施於天下後世呢？於是，我才明白《詩》、《書》、禮樂無救於治亂，但又不知道改革它的方法。這就是樂天知命有很大憂慮的原因啊。」

《列子．仲尼篇》中的這則故事，被用來論證道家的「無知無為，方能無所不知，無所不為」的主張，但從另一角度看，何嘗不是孔子悲天憫人偉大情懷的生動寫照呢？

孔子可能真說過「樂天知命故無憂」的話，但學生只理解「無憂」的一面，而不理解「有憂甚大」的另一面。如果說，「無憂」只著眼於個人的超脫自在，那麼，「有憂甚大」則始終關注當世及未來社會的不幸。後者之「憂」比前者之「樂」所體現的情懷更深沉博大。

孔子既然已早知「天命」——很清楚凝結著他全部心血和理想的《詩》、《書》、禮樂無救於當世，也難施於天下後世，這自然使他產生巨大的悲哀和憂慮。」那種「樂天知命有憂之大」的淒傷，始終盤踞在心頭，到臨終之時化為不斷的歎息和最後的歌唱，傷感明王不興、天下無道，空懷治世之道卻無所施用。這正是孔子之所以成為「聖人」的原因。

享受人生，須善待生命。人生與浩瀚的歷史長河相比，可謂短暫的一瞬。權勢是過眼雲煙，金錢乃身外之物。珍惜生命，保重身體，寧要一生清貧，不貪圖一時富貴，這才是做人之悟性。人生在世也是一種幸運，珍惜生命，享受人生則是最大的幸福，不必為昨天的失意而悔恨，也不必為今天的失落而煩惱，更不必為明朝的得失而憂愁。看山神靜，觀海心闊，心理平衡，知足常樂，達到善待人生的最高境界，才能真正快樂地享受每一天。

易經講到，「知周乎萬物而道濟天下，故不過。」

這是說，為什麼我們要懂得《易經》這個學問？因為懂了以後，才能「知周萬物」。知即智——智慧充滿了，對萬事萬物的大原理無有不懂，然後「道濟天下」，做人也好，做事也好，

做官也好，隨便做哪一行職業，都可以達到救世救人的目的，因此不會有錯誤了。

在《論語》上看到孔子的感歎，他在四十九、五十歲的時候，才開始讀《易經》，而說「假我數年，五十以學易，可以無大過矣！」假如上天多給我活長久一點去學《易經》，可能達到沒有錯誤。故以他的立場來說，人生的修養必須要學《易經》，才能智慧周乎萬物，不致發生錯誤，也和無違的道理一樣。

誠信而又有心智的人注重過程，並不太看重結果。相信滴水穿石，來得容易走得快。結果容易變化，太多因素會影響結果的穩定性。你有一個夢，是你想要的結果，可不知道你能否實現它，但你還是要執著地為夢想而奮鬥。

你很幸運，有一天，你的夢變成了現實，也就是你得到了你想要的結果。在當天或者第二天，你發現那結果給你帶來了很多麻煩，你需要花費更多的精力也許你的餘生去處理那些後果。人生追求的應是幸福快樂，這也是你可為世人做些貢獻、盡些責任的基礎。追求是一個過程，在這個過程中，你保持快樂的心情面對每一天。不把盡責看作是一個結果，而把它看作是一個過程。

有人說我現在沒能力為自己以外的人負責，要等我完善了自己後吧，其實不然。自我的完善是一個過程，如果你把它作為一個結果，你就會失去大部分人生的意義。

「獨善其身，兼濟世人」是一個相互滲透的過程，「刻意地為我，隨意地為他」已經是人生不可多求的境界，其結果收穫最大的還是你自己。

愛是人的基本需要，求愛是一個過程，得到愛是結果。如果你得到愛後不珍惜，愛就會丟失。愛的丟失作為過程，可以彌補，也就是說，當你在感到將要失去之時，在沒有裂痕形成之前，在你愛的人還沒有感到你的粗心之前，你的努力挽救還會有效。失去的愛不能挽回，即使找回來，也不那麼貼心了。

所以，在愛的失去還沒成為結果之前，你一定要精心經營，除非你是一個不想對任何人負責的人。

生命是一個學習和成長的過程。肉體的壽命從出生開始，發育和成長，到死亡結束。你所追求的也許是永生，可肉體的死亡，已經是有史以來證明無法逃避的。心智精神的發育和成長是無止境的。

對心智和精神來講，生命是一個機會，讓你全面知道你是誰，讓你有機會感受到愛並無限快樂地讓你展現在生活和工作中。

生命的結果並不可怕，因為很短暫。生命的過程的輝煌在於，健康的身體和愉快的精神和諧統一。相信你是在不斷地追求一種適合你而又越來越接近你的夢想的生活。

樂天知命，就要有整體和諧意識，就是追求和保持人與自然、人與社會的和諧統一。「變」是為了求「通」，「通」則以各種勢力的和諧統一為前提。《周易》講「三才」之道，就是為了凸顯人與自然、人與社會的和諧統一。

《說卦傳》中說：「立天之道曰陰與陽，立地之道曰柔與剛，立人之道曰仁與義。」「道」雖分為三，但核心則是陰陽變易法則。《系辭傳》中說：「剛柔相推而生變化。」又說：「生生之謂易。」這是認為事物變化乃陰陽相互推移的過程。

《系辭傳》中又說：「神無方而易無體」，「陰陽不測之謂神」。這是認為陰陽相互推移的過程沒有窮盡，也沒有一成不變的模式。

但《周易》同時也指出，此不測之「神」恰恰是由於陰陽相反性能之間相資相濟、相互補充的結果。也只

有陰陽相反性能之間的相資相濟、相互補充，才能維繫事物的健康發展。此所謂「陰陽合德而剛柔有體」（《系辭傳》）。

這表明，天、地、人各有其遵循的法則，天道曰陰陽，地道曰剛柔，人道曰仁義。但由於三者均由性質相反的兩個方面共同成就，所以又有共同遵循的規律。《周易》追求天人即自然、人與社會之間的和諧統一，也正是基於此種「共同遵循的規律」。

《周易》所謂的自然、人與社會之間的和諧統一，主要包含兩方面內容：一是天人之間具有內在同一性；一是天人之間具有相成、互補性。

就前者說，《易傳》特別強調人對天道的效法，而主張推天道以明人事。

《大象傳》對六十四卦卦義的解釋，充分體現了這一特徵。如其釋《乾》卦曰：「天行健，君子以自強不息。」釋《坤》卦曰：「地勢坤，君子以厚德載物。」釋《屯》卦曰：「雲雷，屯，君子以經綸。」釋《蒙》卦曰：「山下出泉，蒙，君子以果行育德。」釋《大畜》卦曰：

富才華位列三王登首座
美感應澤沾萬姓煥新宮

「天在山中，大畜，君子以多識前言往行。」釋《益》卦曰：「風雷益，君子以見善則遷，有過則改。」等等。

這些話表明，在「天之道」與「民之故」之間是存在著內在同一性的，人們通過認識和效法天道，就可以從中汲取教益，引申出人事所遵循的原則。

就後者說，《易傳》又特別重視天人之間的差別性，而主張發揮人的主觀能動作用。如《系辭傳》說：「天地設位，聖人成能。」「成能」就是成就天地化生萬物的功能。又如《泰・象傳》說：「天地交泰，後以裁成天地之道，輔相天地之宜，以左右民。」

「裁成」即裁節成就；「輔相」即輔助贊勉。（黃壽祺等：《周易譯注》第106頁，上海古籍出版社，1989年）一句話，就是駕馭自然界的法則，參與自然界的變化過程（朱伯昆：《〈易傳〉的天人觀與中國哲學傳統》，載《中國傳統文化的再詮釋》北京大學出版社，1939年）。這些都是分別人道與天道的不同，強調人在自然面前應積極主動，參贊天地的大化流行。

正因為天人之間的和諧統一不以消解人的主觀能動性為前提，而以發揮人的主觀能動作用為基礎，所以《周易》特別強調，只要人們努力把握天人之間共同遵循的本質規律，探討陰陽變易的法則，發揮自我的仁義之性，就能安身立命。

此即《易傳》所謂的「窮理盡性以至於命」。做到了這一點，就能「與天地合其德，與日月合其明，與四時合其序，與鬼神合其吉凶。先天而天弗違，後天而奉天時」（《周易．系辭傳》）。「先天」即先於天時的變化而行事；「後天」即天時變化之後行事。

這是說只要掌握了道，其德行就能與天地日月鬼神的變化相一致，也就能預測天時，順時而動，從而達到天、地、人三者之間的整體和諧。

《周易》的這種整體和諧意識，站在天道的立場說，是人與自然的和諧共處與合規律運動。站在人道的立場說，是「順乎天而應乎人」的道德理想與「保合太和」的精神境界。在這樣的「和諧」中，天與人，自然與人，便可以超越分別，達到合一。而達到了這種「合一」，也就是真正達到了《易傳》所謂的「樂天知命故不憂」。

「樂天知命」，即參合天地的化育，知曉主體自我的定分，並在萬物與我為一的氣氛中超越一切憂患，而其樂融融。

這是天與人，自然與社會的整體和諧。此種和諧既是一種美的境界，更是一種善的境界。但它又不僅僅表現為一種境界，還體現為「化成天下」的事功，所謂「天地感而萬物化生，聖人感人心而天下和平」（《周易．彖傳》），即天地交感帶來萬物化育生長，聖人感化人心帶來天下的昌順和平。如是，則「保合太和」而「萬國咸寧」。

23

人生沒有筆直的路

曲成萬物而不遺

人懂了這個道理，就知道人生太直了沒有辦法，要轉個彎才成。現在講美也講求曲線，萬事萬物，都沒有離開這個原則。

這個「曲」字，是非常妙的，老子有一句話「曲則全」，有人說讀了《老子》會變成謀略家、陰謀家，很厲害。因為老子告訴我們不要走直路，走彎路才能全，處理事情轉個彎就成功了。如小孩玩火，直接責罵干涉，小孩跑了，但用方法轉一個彎，拿一個玩具給他，便不玩火了，這是曲則全。老子這個「曲」字的原則，即是從《易經》這裡來的，孔子也發現這個道理。因為研究《易經》就知道宇宙的法則沒有直線的，現代科學也證明，到了太空的軌道也是打圓圈的，所以萬物的成長，都是走曲線的。

人懂了這個道理，就知道人生太直了沒有辦法，要轉個彎才成。現在講美也講求曲線，萬事萬物，都沒有離開這個原則。

也許有些人不認同這個說法。這也難怪，我們在現實生活中也確實看到許許多多不循此理，卻走得似乎很順的人。於是當我們的人生出現曲折的時候，就有人因此可能懷疑人類至高無上的良心，懷疑是不是良心捉弄了自己的一生。甚至還有人拋出「良心能當錢花還是能當飯吃？」的「人話」。有此感慨的人無疑是在拋棄或出賣良心的同時得到了些許的眼前利益，因而足足認為良心的一文不值。

是的，應該說當你出賣了良心的時候，良心就會一文不值；而當你守住良心的時候，良心就會變得價值連城。這看似矛盾的辨證道出了做人的道理。不要狹隘地讓出賣良心得來的一丁點利益充斥了眼睛。

放眼望一望，垂首想一想，你會覺得，在得到一些不該得到的東西之後，你或許意識到，本來屬於自己的不應該失去的東西卻忽然間丟失得使你扼腕痛惜，追悔不已。由此帶來的是良心的自責、社會的遺罵、環境的驅逐和命運的萎縮。這樣的代價就遠沒有守住良心的人在人生路上哪怕是坎坷、還是跋涉那樣活得自如、活得瀟灑。

人生沒有一帆風順的人生，路也沒有嚴格意義上的筆直的路。所謂一帆風順，不過是人們祈願在人生曲折的旅程中能夠劃過幾道美麗的流星。一切美都與曲線分不開。

人生的美麗也正是在曲折中才可能閃耀出幾點閃閃爍爍的靈輝。曲折與人生緊緊相隨，我們或許剛剛走出了曲折看到了平坦，也或許剛剛走過了平坦就又面臨著新的曲折。但我們不要懷疑這是良心的捉弄，而要堅信這是人生對我們良心的一種內在考驗。

因為人生與良心是內在統一的，有了好的良心才會有好的人生，相反，有了好的人生觀自然會有公正的良心。真正受到良心捉弄的人是那些拋棄或出賣良心的人。守住良心的人就永遠有一顆好心在伴隨著，有好心伴隨的人，不論在坦途、還是在彎路，總會感到自己走的是有滋有味的人生。

應該承認，人的良心其實是很脆弱的，不要說被利益收買，有時候哪怕是一點點不知道什麼風吹草動，就能把它吹動得風雨飄搖、無所適從，甚至被揪扯得支離破碎、難以復初。良心的珍貴大概也正在於此。人類對良心的尊崇也正在於堅守良心的艱巨。

從某種意義上說，守住良心的人就穩住了自己人生的航向；而失去良心的人，人生的航向則會變得茫然無從。茫然無從的人最終還得去尋找丟失的良心。讓我們每個人都堅強地守住自己的良心，讓我們每個人在良心的護佑下都沿著自己人生的航向走出瀟灑、穩健、幸福的人生。

24 等待該出手時才出手

初九，潛龍勿用。

山峰再高，總有通向頂點的道路；大海再寬，總有走出水域的航線。所謂謀事在人，成事在天。付出努力，付出等待，一切都會好的。

初九，龍尚潛伏在水中，養精蓄銳，暫時還不能發揮作用。

古人常用龍來比喻人才、名人、偉人，《易經・乾卦》以龍作為喻體，比喻人的成長需要經歷「潛龍」、「見龍」、「飛龍」、「亢龍」這些過程。只有在這種長期的磨練中，才能體現出「自強不息」、「終日乾乾」、「與時偕行」的德性。

孔子解釋道：「龍在這裡是處於隱居狀態的，有才有德的人的化身。有才德的人操守堅定，他不會去隨波逐流，也不在乎什麼聲名。隱居世外而心志怡然，嘉言懿行縱然不為世人所聞也不會煩悶懊惱。合乎正道的樂事他盡心去做，背理逆情的勾當則斷然不為。——純正的德性無

意於聞達，堅定的操守從不動搖；這就是處在潛伏狀態的龍的本色。」

龍的精神是看不到的，不會完全給人看見的，一個人如道家老子說的功成名遂身退，幫忙了人家，人家還不知是誰幫了忙，就是「龍德而隱」的道理。一個人做到社會外界環境儘管變，自己不易乎世、不受外界變的影響，自己有堅定獨特的思想，也不要求在外面社會上成名（孔子、老子、莊子都走這條路線。）

當這個世界不能有好的時候，自己隱退了，不求表現，亦不求人知，默默無聞，而不煩悶，真地快活、樂觀，不讓憂煩到心中來，更重要的是這種精神能堅定不移，確乎其不可拔，毫不動搖，這就是潛龍。

「潛龍勿用」的勿字是表示原來有無比的價值，並不是不能用，亦非不可用，而是自我的不去用。

「潛龍勿用」，不該動時最好不要動，該出手時才出手。諸葛亮尚在南陽高臥的時候，自稱臥龍先生，這就表示他抱負不凡，自己認為是潛龍，這也是人生的修養，也是《論語》上孔子說的「不試故藝」。

記得我的一位導師說過：如果你這一輩子想做點什麼事情，那麼你就要清楚自己的三個「什麼」，就是你要什麼，你有什麼，你能放棄什麼？她說這是一個人成功的基本因素，它的內涵

對我影響頗深。

每個從小到大，都會有從初始到最終的經歷，而最初的經歷，又往往對人生的影響極大，所以古人說：「慎其所始」，就是這個道理。

想當初諸葛亮隱於隆中，自稱臥龍先生，這就表示他抱負不凡，自己認為是潛龍，這也是人生的修養，「每自比管仲、樂毅，好為《梁父吟》」。這是什麼道理？「每自比管仲、樂毅」，就是有用世之心。「好為《梁父吟》」，就是對入世的小心謹慎。因為在《梁父吟》中，抒發的是對晏子「二桃殺三士」的感歎！表達了諸葛亮對「良臣擇主而仕」的心願。

一個人最初進入社會，一切剛剛開始，既沒有地位，也沒有經驗，而且也缺少深厚的學問，一個人在這樣的情況之下，就很難有大的作為。雖然想用拼搏競爭的手段去取得成功，但如果時機不對、考慮不周，以及才能不夠，往往會事與願違，遭致失敗。

所以乾卦的初爻告誡說：「潛龍勿用」。勸人如果時機不到，最好靜以待時，修養學問，以便將來才能充足，一舉而起。即使沒有機會，不能夠青雲直上，也不必因此而喪失生活的信心，生活是美好的！不是只有富貴的生活才有滋味。勸人千萬不可盲目行事，希圖僥倖，也千萬不可因為一時的失敗，灰心喪氣！如果為了一些小事，而跳樓吸毒，那可就太不像樣子了！

該出手時才出手，生活告訴我們應學會等待，等待出手的時機。

在生活中我們經常會碰到這樣的事情，有些美好的東西本來是我們如癡如醉的追求的，它可以給我們的生命帶來新的活力，使我們達到人生的某種輝煌。我們惟一需要做的就是付出一點等待，但是由於各種各樣的原因，最後我們卻放棄了它們，我們的生活也因此而走上了一條不歸之路。

曾經有這樣一句話使我感動了好長一段時間：等待是痛苦的，能夠等待卻是幸福的。是的，能夠等待何嘗不是一種幸福？

我們需要做的無非就是要學會等待，學會對自己保持一份始終不渝的信心。生活中難免會有風雨雷電，難免會有山崩海嘯，但是風雨之後或許就是溫馨，黑夜之後就有白晝，山崩海嘯之後會有平坦和寧靜。關鍵是我們要付出一份耐心和堅毅，不要讓迷霧蒙住了我們眺望遠方的眼睛。

我們要學會等待，學會以一種淡泊的心境去面對生命的得失和所謂的事業上的成敗。山峰再高，總有通向頂點的道路；大海再寬，總有走出水域的航線。所謂謀事在人，成事在天。付出努力，付出等待，一切都會好的。

一次等待就是一次生命的進擊，一次等待就是一次生命的超越。是等待構成了我們精神的生命，喚醒了我們對世界的夢想。

學會等待，實際上是學會珍惜自己，珍惜生命對我們的饋贈！

等待是痛苦的，能夠等待是幸福的；學會等待同樣是幸福的。

人的一生就是一個等待的過程。不管你在意不在意，人活著，等待就跟著你生命的腳步在走。在等待理想的實現，在等待真摯的友誼，在等待醉人的愛情，在等待地位和金錢以及那可以言說或不能言說的人生中的種種。

一個又一個、一次又一次的等待就這樣貫穿了人的一生。你必須堅持這些等待，除此而外，你別無選擇。等待充滿了時間，等待充滿了空間。

等待很美。在那些漫長的永無盡頭的等待中，你用美好的理想和純情的目光裝扮每一個平平淡淡的日子；你用夢幻的花香，薰染一個接一個的明天；等待讓你充滿了柔情和憧憬，等待也會給你一種美妙的牽掛；或許你要等待的東西在一夜夢醒後的晨暉中悄然來臨，這樣的等待，很美！

等待很苦。有時候常常流溢著寂寞和孤獨，等待常常讓你焦躁不安，等待讓你忍受你想或者不想，你該或者不該，你能或者不能忍受的一切；或許這種等待會是你永遠望眼欲穿的期盼，這樣的等待，很苦！等待交織著汗水和淚水，等待交織著美善與醜惡，等待交織著平庸與崇高，等待交織著成功和失敗，等待交織著苦痛與歡樂，等待交織著溫馨與孤獨，等待交織著忘卻和

懷念。

滾滾紅塵，開始於等待。紅塵滾滾，結束於等待。幾乎每一天都有人問你，你或許也同樣在問別人：在等誰？等什麼？有時你能回答的出來，但更多的時候，你卻回答不出。或許你根本就不知道自己在等誰或者在等什麼以及為什麼等，但你一定知道你一直在等。

人的一生就是一個等待的過程，當你放棄了等待的時候，就意味著你放棄了希望，放棄了人生的一切。品味等待，為了你短暫而又漫長的一生。學會等待，為了你艱辛而又美麗的一生。給自己一點耐心吧，其實等待也是美好的。

中國有句諺語「欲速則不達」，法國諺語有「必須懂得等待」，而我們老百姓有句俗話「心急吃不得熱粥」。學會等待是這些話裡面的真諦。就如同我們的人生，小學等待上中學，中學等待上大學，大學等待獲得不錯的職業、美滿的婚姻……人生是一條長長的鏈子，「等待」就是各個環節鏈子上的紐帶。

所以處世要像龍一樣尚潛伏在水中，養精蓄銳，暫時還不能發揮作用，是因為此爻位置最低，陽氣不能散發出來。

25

得意，也是危險的開始

升而不已，必困。

月不圓的時候，可以慢慢圓起來；月圓了，月就要虧了。日還沒到中天，它可以到達中天，但到達中天以後，就要西斜了。你得意什麼呢？

這是人平時立身處世應當遵循心安理得的原則。日有升降，月有盈虧，人有禍福。要做到盈餘時不要沾沾自喜；虧損時不要垂頭喪氣；吉祥時不要得意忘形；兇險時不要驚慌怨恨。一切都是時間、時序的使然。

現代人的格言「順利時夾著尾巴做人，逆境時挺起胸膛做人」，也就是上面的道理。「得意忘形者敗」，最經典的例子，恐怕就是莊子的《螳螂捕蟬》了。

莊子有一天，看到一隻大鳥，但飛得很低。他感覺奇異，拿著弓箭追到林子裡。看到一隻蟬

正在樹葉上自鳴得意，引起了螳螂的注意，螳螂正準備引出長長的螳臂捕吃蟬的時候，一隻黃雀已經等在後面了。莊子看到這怵目驚心的一幕，把弓箭扔掉了，跑回家去！他想，在這個世界上，為了眼前的利益、一己的利益，物物相害，何時了得？可守園的人還以為莊子偷了果子，大聲喊：「喂！你跑什麼？」

看見了眼前的利益，就得意而忘形，這會有生命之虞！而不是失敗的問題了。

蟬是得意而忘記收斂，導致生命危險；螳螂為了利益而張揚，把自己推到危險的境地；而黃雀在靜觀這一幕，等待著自己的勝利，滿以為自己是最好的勝算；可惜，在上還有瞄準它的弓箭！

忘形者險。忘形者敗！

這不是昭然若揭了嗎？

有時候的「得意忘形」，是由於大意，或者一時情急，忘記了收斂。

有一部電影，說有一批士兵偽裝到敵後，都已經完成了任務，坐車撤退了。但在途中，遇到問話，不小心說了母語，結果西洋鏡被戳穿，傷亡巨大。

還有一部電視劇，反走私的，敵我雙方在海上火拼了。英雄上船追殺走私犯，一位士兵越過一個躺倒在甲板上的敵人，他用槍瞄準了一下，但以為他死了再沒有開槍。士兵越過去瞄準敵方的敵人，正要開槍，後邊裝死的敵人開槍把士兵射殺了！士兵成了被追悼的英雄。

要防止得意忘形，得處處小心，不能大意，更不能得意，因為一得意就忘乎所以，忘乎所以，就會慘敗。這似乎都成了公理。

往深層的意義想，得意忘形，是一種短暫、是一種更替的象徵。

《易經》裡，這方面的論述頗為深入。它說，花盛開，這是多麼得意的事呀！盡情。可是，得意和盡情之後，便是凋零。含苞欲放，才是長久的美。

寒冬。它肆意地冷，多麼威風呀！萬物都在它面前顫抖。但它冷不長了，天要回暖了。物極必反，到了一定的極限，事物就會出現反復。

任何的浪骸放形，都是把自己推到極限。會把眼前毀掉，從頭再來。

《易經》的一個思想，就是抑制自我，不可放肆。

它從第一卦「乾卦」開始，到第六十四卦「未濟卦」，每一卦都有這樣的意思，只是有一些卦不明說罷了。

乾卦裡的「初九：潛龍，勿用」，也是這個意思。你還處在一個成長期，力量還不夠強大，你還是先抑制一下自己吧，不能顯示你自己的力量。

當你幼稚的時候，顯形都不可以，更別說忘形了。

後來，孔子評說這一句爻辭時說：「這是龍，也就是有作為的人，隱藏看不到德行，意志不因世俗改變，也不爭虛名；隱退而沒有悶悶不樂，主張沒有人接納，也不憤憤不平；主張能夠實現則行，不能實現則罷。堅定信念，而不動搖，這就是潛龍的德行。」

人是可以得意的。但《易經》認為，人沒有什麼時候能夠得意。月不圓的時候，可以慢慢圓起來；月圓了，月就要虧了。日還沒到中天，它可以到達中天，但到達中天以後，就要西斜了。你得意什麼呢？

比方說，你哪天上台了，當官了，但你哪天就要下臺，不當官了。因為《易經》說，有始就有終，不可避免。

《易經》的豐卦，是最風光的卦象。豐，表示盛大，高杯盛物。但它的卦辭說，盛大，本身就亨通。王者當天下最豐盛的時候，擁有巨大的財富無數的人民，不必憂慮，應當像日照中天，普照天下；讓人民普遍分享盛大的成果。然而，日當正中，無法持久，不久就偏斜了。因而這一卦雖然亨通，但也隱藏著危機。

像豐卦這樣的情形，也不能得意，那人生有什麼時候可以得意的呢？沒有。既然沒有，那你還得意什麼？還有什麼得意忘形呢？

得意忘形，其實是對社會、對人生缺乏一種深入的瞭解。高興和得意，是膚淺和無知。

既然你是對社會和人生表現出你的無知和淺薄，那麼，社會和人生懲罰你就是當然的事了。

有一個人，打了一個比方。他是這樣說的：如果一個人的仇恨，在心中只佔據一半，那麼他表現得很激烈；如果一個人的仇恨，在他的心中佔據了全部，那麼他表現得格外冷靜。

由此可見，得意忘形或者失意忘形，都是由於「度數」不夠，淺薄或者無知。

半桶水晃蕩得很。得意忘形者敗！

易經講：君子終日乾乾，就是說人一天到晚，都要保持本分，保持常態，永遠這樣；不但如此，到了晚上，還要警惕自己，不可放鬆，就像白天一樣的小心。就是說到了中年做事得意的時候，做人做事隨時隨地都要小心，乃至到了晚年都不能放鬆。

《大），不成乎名學》、《中庸》的思想，都是從這裡來的，這就是所謂的「惕厲」。「厲」，是精神的貫注與專精，磨磨自己，就沒有毛病。不過要小心，因為命運還有重重危機，一不小心隨時隨地會有問題，對自己要有那麼嚴格的要求，才不會出毛病。一切在於自己，不在於別人，也不在於環境。人在得意時，就怕忘形。

升而不已，必困。澤而無水，窮困。

一個是難而有困，一個是好而有困，一個是窮而有困。

由此可見，困的原因是多種多樣的。但它的根本是什麼？

困卦中有一段話是很有趣的。說人的困難，就像走進了昏暗的深谷中三年也走不出來，見不到光亮，以象徵困難到了極點。出現這種情況，《周易》指出，兼有智能不明、本身昏庸的意思。所以說，出現困難，其根本還是自己的大意與糊塗。

明智與慎辨，是走出困境的兩隻腳。

無路的時候，也許就有路了。只要我們用心。

有路的時候，也許頃刻無路。如果我們大意。

古人大意失荊州，我們大意可能失去一切，甚至生命。

「物不可以終通，故受之以否。」中國有兩句老話：「人無千日好，花無百日紅。」兩個好朋友，尤其兩夫妻，很難得一千天裡不吵架，沒有一朵花開到一百天不凋謝的。我們古人看歷史看得多麼通，最好的時候就是壞的開始，所以泰卦下面，就是否卦。

我們看中國歷史的漢朝、唐朝，看西方歷史的羅馬時代，鼎盛的時候，就衰敗下去。家庭也是一樣，興旺的時候，兒女媳婦都驕貴起來了，太驕貴就是泰到極點，否就來了，否到極點泰來了。不但人是如此，歷史也是一樣，社會發展也是一樣，看通了人生，如此而已。

26

莫到瓊樓最上層

亢龍有悔

放棄世人追逐的最大利益，擁有世人欲求恐得的別致，用你天生的才氣開創一片屬於自己的自由王國。你的追隨者是甘心情願的、心滿意足的，他們感到的是平等、尊重、自由和愛。你的森林洋溢著輕鬆、快樂和閒適。

經文本意告誡人們不要無限度地盲目追求成功、追求名利，要實事求是，居安思危，自我警覺。雖然我們的才能有超常發揮的可能，但並非無條件地超常發揮，如果忽視了客觀實際，僅憑主觀盲動，只能造成追悔莫及的後果的。

所以，當一個人的成就發展到巔峰時，其本人和用人者都要保持清醒的頭腦，既要能看到成功的一面，也要能看到不足或遺憾的一面，只有正確面對現實，及時發現了不足，才不至於讓

錯誤的東西也跟著發展，當疵病和錯誤尚未顯示出負面影響時，及時抑制住，是明智之舉；反之，如果讓疵病和錯誤搭快車飛騰，勢必使之擴大和鑄成「悔恨」。

人的年齡到了那個高位，到處叫他老公公，到處請他上座，這就到了亢龍有悔。這裡的悔不是後悔的悔，是晦氣的晦，到這個時候倒楣了。換句話說，就是萬事不要做絕了，做到了頂，對不住，有悔，保證有痛苦，煩惱跟著來了。看歷史上唐玄宗多麼好，後來到讓位給他兒子，就是很慘的局面。

人不要坐到最高位，換句話說，做人也不要做得太高明了，做得太高明了不好玩的，貴到沒有位置好佔。有的人，學問、人格、儀表都好，可是太貴了，貴而到了無位，連一個科員的位置都得不到。高到極點，下面沒有幹部了，或者說天下人都是幹部，可是天下人都不敢說話，有意見都不敢發表，這就討厭了，到這時就到了亢龍的境界，這時即使是好的，也會被打下來了，自己左右沒有人來幫助。

天地間舒服到極點，就要出毛病，有人說某人作惡多端，卻過得蠻舒服，而我們循規蹈矩，生活卻苦得很，報應在哪裡？但中國人有句話：「天將得厚其福而報之。」也等於基督教講的：「上帝要毀滅一個人，先使他發狂。」使他得意到極點，快點惡貫滿盈，走到頭了，跌下來，所以養到極點，罪惡、浪費、奢靡到了極點，就會出問題，所以頤養的卦下來，就是大過。

現代史上眾所周知的國民革命成功後，孫中山先生「推位讓國」，由袁世凱來當中華民國第一任大總統。結果，他卻走火入魔，硬要作皇帝，改元「洪憲」。一年還不到，袁大頭就身敗名裂，壽終正寢，所留下的，只有一筆千秋罪過的笑料而已。

袁世凱個人的歷史，大家都知道，他的為人處事，素來便犯老子的四不——自見、自是、自伐、自矜，原不足道。《紅樓夢》上有兩句話，大可用作他一生的總評：「負父母養育之恩，違師友規訓之德。」

袁的兩個兒子，大的克定，既拐腳，又志在做太子，繼皇位，慫恿最力。老二克文，卻是文采風流，名士氣息。當時的人，都比袁世凱是曹操，老二袁克文是曹植。我非常欣賞他反對其父老袁當皇帝的兩首詩，詩好，又深明事理，而且充滿老莊之學的情操。

想不到民國初年，還有像袁克文這樣的詩才文筆，頗不容易。袁克文是前輩許地山先生的學生，就因為他反對父親當皇帝，作了兩首極其合乎老子四不戒條的詩，據說惹得袁大罵許地山一幫人，教壞了兒子，因此，把老二軟禁起來。我們現在且來談談袁克文的兩首詩的好處。

乍著吳棉強自勝，古台荒檻一憑陵。
波飛太液心無住，雲起魔崖夢欲騰。
偶向遠林聞怨笛，獨臨靈室轉明燈。

劇憐高處多風雨，莫到瓊樓最上層。

起首兩句便好，「乍著吳棉強自勝，古台荒檻一憑陵」。吳棉，是指用南方蘇杭一帶的絲棉所做的秋裝。強自勝，是指在秋涼的天氣中，穿上南方絲棉做外衣，剛剛覺得身上暖和一點，勉強可說好多了！這是譬喻他父親袁世凱靠南方革命成功的力量，剛剛有點得意之秋的景況，因此他們住進了北京皇城。

但是，由元、明、清三代所經營建築成功的北京皇宮，景物依稀，人事全非，那些歷代的帝王又到哪裡去了！所以到此登臨覽勝，便有古台荒檻之歎。看了這些歷史的陳跡，人又何必把浮世的虛榮看得那麼重要！

「波飛太液心無住，雲起魔崖夢欲騰。」華池太液，是道家所說的神仙境界中的清涼池水。修練家們，又別名它為華池神水，服之可以祛病延年，長生不老。袁克文卻用它來比一個人的清靜心腦中，忽然動了貪心不足的大妄想，猶如華池神水，鼎沸揚波，使平靜的心田永不安穩了。

跟著便說一個人如動心不正，歪念頭一起，便如雲騰霧暗，蒙住了靈智而不自知。一旦著了魔，就會夢想顛倒，心比天高，妄求飛升上界而登仙了。

「偶向遠林聞怨笛，獨臨靈室轉明燈。」這是指當時時局的實際實景，他的父兄一心只想當皇帝，哪裡知道外界的輿論紛紛，眾怨沸騰。但詩人的筆法，往往是「屬詞比事」，寄託深遠，顯見詩詞文學含蓄的妙處，所以只當自己還正在古台荒檻的園中，登臨憑弔之際，耳中聽到遠處的怨笛哀鳴，不勝淒涼難受。

因此回到自己的室內，轉動一盞明燈，排遣煩惱。明室、靈燈，是道佛兩家有時用來譬喻心室中一點靈明不昧的良知。但他在這句上用字之妙，就妙在一個轉字。「轉明燈」，是希望他父兄的覺悟，要想平息眾怨，不如從自己內心中真正的反省，「閑邪存正」。

「劇憐高處多風雨，莫到瓊樓最上層。」最後變化引用蘇東坡的名句：「瓊樓玉宇，高處不勝寒。」勸他父親要知足常樂，切莫想當皇帝。袁世凱看了兒子的詩，赫然震怒，立刻把他軟禁起來，也就是這兩句使他看了最頭痛，最不能忍受的。

另一首：

小院西風向晚晴，囂囂恩怨未分明。
南回孤雁掩寒月，東去驕風動九城。
駒隙去留爭一瞬，留聲吹夢欲三更。
山泉繞屋知深淺，微念滄波感不平。

這起首兩句，「小院西風向晚晴，囂囂恩怨未分明。」全神貫注，在當時民國成立之初，袁世凱雖然當了第一任大總統，但是各方議論紛紛，並沒有天下歸心。所以便有「囂囂恩怨未分明」的直說。所謂向晚晴，是暗示他父親年紀已經老大，辛苦一生，到晚年才有此成就，應當珍惜，再也不可隨便亂來。

「南回孤雁掩寒月，東去驕風動九城。」南回孤雁，是譬喻南方的國民黨的影響力量，雖然並不當政，但正義所在，奮鬥孤飛，也足以遮掩寒月的光明。東去驕風，是指當時日本人的驕橫霸道，包藏禍心，應當特別注意。

「駒隙去留爭一瞬，留聲吹夢欲三更。」古人說，人生百歲，也不過是白駒過隙，轉眼之間而已。隙，是指門縫的孔隙。白駒，是太陽光線投射過門窗空隙處的幻影，好比小馬跑的那樣快速。這是勸他父親年紀大了，人生生命的短暫，與千秋功罪的定論，只爭在一念之間，必須要作明智的抉擇。留聲吹夢，是秋蟲促織的鳴聲。欲三更，是形容人老了，好比夜已深，「好夢由來最易醒」，到底還有多少時間能做清秋好夢呢？

袁世凱是該學一學老子提倡的「與世無爭」的。

人生來就有欲望。嬰兒最初的吸飲和被愛撫，有意識後的被重視和炫耀、對名權富貴的追求以及長生不老的貪求。欲望是自身成長和強大的基本動力，沒有欲望的人往往會被現實社會過早淘汰。但過度的欲望又是人自身煩惱的原因和人們相互傷害的根源。幸福時求長久，不幸時想升天，這註定了煩惱人生。

與世無爭是人們縱欲過後的主動選擇或無能為力時被動無奈的結局。前者所求人人都是一條龍，群龍無首的境界，後者顯現的是貧瘠的荒涼。人人嚮往的是永恆的輝煌，或者是曾經輝煌後的安穩平淡。愛我所愛的人與世無爭，一人之下萬人之上的人與世無爭。與世無爭的人享受的是一種超然的雅致和隨心所欲，並帶有悠然自得的魅力。

放棄世人追逐的最大利益，擁有世人欲求恐得的別致，用你天生的才氣開創一片屬於自己的自由王國。你的追隨者是甘心情願的、心滿意足的，他們感到的是平等、尊重、自由和愛。你的森林洋溢著輕鬆、快樂和閒適。

27

人到無求品自高

用九，見群龍無首，吉。

有所不求才能有所求，無求與自強是不可分割的。人生在世，不能離開名利等。但對這些身外之物，必須有一個清醒的認識，保持一定的警覺。一個人只有拋開私心雜念，砸掉套在腳上的鐐銬，心地才能寬闊，步履才能輕鬆，才能卓有成效地做一番事業。

我們知道九是代表陽爻，從初九到上九，都有解釋，用九又是什麼意思？再看下面見群龍無首，吉。乾卦到這裡，才大吉大利。這是怎麼說法呢？

這句話在後人研究《易經》的有關書籍裡，各有各的講法，都各有一套理論、一套說詞。可是研究通了以後，非常簡單。我現在告訴大家一句話，用九就是不被九所用，而是你能夠用九。

那麼用九是用哪一爻的九呢？哪一爻都不是，又哪一爻都有關係，這就高明了。只有拿中國文化歷史來代表說明這件事情。就是我在以前講《論語》的時候，說過中國文化注重道家的隱士們。

歷代的隱士們和當時歷史時代的開創，有絕對的關係，可是在歷史的記載上都找不到他們，如三國時代的諸葛亮，是誰培養出來的呢？是他的老丈人黃承彥和老師龐德這些隱士。像他們就是用九，改變了歷史的時代，而自己又不受環境的影響，所以要用九。

見群龍無首，不從那裡開始，永遠沒有開始，也永遠沒有一個結束，既不上臺，當然也不會有下臺。用九最高明，用九者不被九所用。換句話說就是告訴了我們做事的道理，以現代話來說，就是做事要絕對的客觀，不是與時代沒有關係，而是處處有關係，這是真正領導歷史時代的作法。

「群龍無首」，是一個圓圈，完整的，所以大吉大利。以做人來說，人到無求品自高。曾子也說：「求於人者畏於人。」越是有求於人家就越怕人家，無求就是用九的道理，用九是元亨利貞，並不是潛龍勿用，潛龍勿用有待價而沽的意思存在，用九則已經忘我了。以現代話來講，用九是中國文化最高的哲學精神。

近讀一則寓言，頗有幾分感受，故事說的是有位書生準備進京趕考，路過魚塘時正巧漁夫釣了一條大魚。便問漁夫是如何釣到大魚的。漁夫得意地說，這當然需要一些技巧。當我發現它

時，我就決心要釣到它。但剛開始，因魚餌太小，它根本不理我。於是，我就把魚餌換成一隻小乳豬，沒想到這方法果然奏效，沒一會兒，大魚就上鉤了。

書生聽後，感歎地說，魚啊，魚啊，塘裡小魚小蝦這麼多，讓你一輩子都吃不完，你卻擋不住誘惑，偏要去吃漁夫送上門的大餌，可說是因貪欲而死啊！

欲望與生俱來。生命開始之時，欲望隨之誕生。餓了要吃飯，冷了要穿衣，這是人的本能。僅從生命科學而言，人類綿延生息不絕，可以說欲望是生命的動力。生命停止，欲望則消失。同時，人的欲望的滿足，又是生命消耗的過程。

從某種意義上講，有效地節制欲望，是構建和昇華生命，延伸和拓展生命長度的必經之路。在現實生活中，功名利祿在一些人的心目中是頗有吸引力的。從古至今，有多少人為此追逐爭鬥。得勢者固然有之。但也有不少人因此尋盡了煩惱。有的甚至飲恨身亡，臨死前才感到名利的可畏。中華幾千年，名韁利鎖束縛了人們幾千年。

在人類的進程中，充滿了真善美與假惡醜的鬥爭。每經過一次較量，人們便增長一層見識，明辨一些是非。然而，阻礙歷史前進的殘餘勢力往往與社會的進步力量形成矛盾的統一體，頑強地存在於社會之中。

如今，在對待名與利的問題上，也同樣存在兩種不同觀念的激烈衝突。有人對名利不感興

趣。於是湧現出不少不圖名利、勤勤懇懇為人民服務的「老黃牛」「義工」。

但是，追名逐利現象也還相當嚴重。有的為了弄到一頂烏紗，弄虛作假、自欺欺人；有的公開跑官、買官賣官；有的為了撈取一筆私利，也要絞盡腦汁，使出渾身解數，惟恐到嘴邊的肥肉讓別人搶走，見錢眼開，惟利是圖。這些人對名與利的追求，已到了赤裸裸的地步。

老子說得好：「見欲而止為德」。邪生於無禁，欲生於無度。當官掌權忘記了世界觀改造，忘記了清正廉潔，忘記了立黨為公、執政為民，難免產生邪心惡念，而「疾小不加診，浸淫將遍身」，到頭來必然出大事，栽大跟斗，為人民所唾棄。

清代陳伯崖寫的對聯中有這樣一句「人到無求品自高」。筆者很贊成這一觀點。這裡說的「無求」，不是對學問的漫不經心和對事業的不求進取，而告誡人們要擺脫功名利祿的羈絆和低級趣味的困擾，去迎接新的、高尚的事業。

有所不求才能有所求，無求與自強是不可分割的。這正是這句對聯所反映的辯證法思想。人生在世，不能離開名利等。但對這些身外之物，必須有一個清醒的認識，保持一定的警覺。一個人只有拋開私心雜念，砸掉套在腳上的鐐銬，心地才能寬闊，步履才能輕鬆，才能卓有成效地做一番事業。

提倡「人到無求品自高」，不是讓人們去過那種清貧的生活，而是為了清除社會上的腐敗現

象，以使那些追名逐利者保持政治上的清醒和思想道德上的純潔。

內心的踏實來自於長久努力奮鬥的沉澱。欲望是無止境的，人們為滿足欲望想出了許多手段，打工、做生意、賭博、詐騙、搶劫，還有出賣靈魂肉體。欲望滿足的結果並非能心靜。

無欲則靜，多數人不能做到出家高僧。在這樣一個商品經濟社會裡，清心寡欲也變得很難。付出不圖回報，但必有回報，儘管並非得如所付。盡心盡力地勞動也許不能暴富，總比出賣靈魂肉體來得踏實。

無欲則剛，有誰能做黑臉包公。貪污、賄賂的動機是求速得、速報，不僅失德違法，結果是心虛身腫，故怕風吹草動。目的原本是圖一勞永逸，可結果是總盼天下大亂，哪還有剛正不阿。貪官多與娼為伍，嚮往一種笑貧不笑娼的境界。

無欲無動，無欲無求。社會的發展需要人的進步，欲望是人們進步的動力。欲望的滿足並非必然導致心煩意亂。得多施少，得少捨多，心靜是相對的。過度縱欲和禁欲的結局都會把你的心理平衡打破。

良心的意義無非是健康和善良，知恩圖報。良心壞了，還不是因為做了一些急於求成的事。當然，良心的好壞不能決定心的平安，但自然的一顆心應是良好的，她的跳動是有規律的。

28 經常保持心身的均衡

是故剛柔相摩，八卦相蕩，鼓之以雷霆，潤之以風雨，日月運行，一寒一暑……

均衡是最好的狀態，但是很少，就以我們自己的心身來說也是如此。我們心理方面的思想，沒有一個時候是均衡的，不是心裡不舒服，就是思想在混亂。

這裡孔子研究《易經》的報告所謂「剛柔相摩」，是說這個物理世界的剛柔相摩，用現代語勉強解釋為堅硬的和柔軟的互相摩擦。譬如物理世界最柔軟的東西，老子常說是水。

老子的思想，孔子的思想，諸子百家的思想，沒有不是從《易經》裡出來的，如「塞翁失馬，焉知非福」等這一套觀念，也都是從《易經》裡面出來的。所以老子也說，「福者禍之所倚，禍者福之所伏。」都是來自《易經》的思想。

《易經》的道理告訴我們，像一架天秤一樣，那一頭重，這一頭就高起來；這一頭重，那一頭就高起來，不能均衡，幾乎沒有一個時間是均衡的。均衡是最好的狀態，但是很少，就以我們自己的心身來說也是如此。我們心理方面的思想，沒有一個時候是均衡的，不是心裡不舒服，就是思想在混亂。

一般人說打坐修道，什麼叫作「道」？

能經常保持心身的均衡就是道。那麼打坐，又何必閉起眼睛、盤起兩條腿裝模作樣呢？我們知道打坐的目的，也是求得身心的均衡，如果身心不是均衡，打坐也沒有用。

大家都有幾十年的經驗，每天不是情緒不好，就是身體不舒服，過分高興也不是均衡，身體絕對沒有一點毛病，心理絕對平和的狀態，生活一百年也難得有十天到達這種境界。

這些都說明了，剛柔時刻都在相摩，因此就產生了大宇宙間八卦相蕩的道理。

這個道理，推於人事，我們也可瞭解，人與人之相處，不管是在一個團體或一個家庭，不可能永遠沒有摩擦，因為「剛柔相摩，八卦相蕩」這個宇宙的法則，都是兩個彼此不同的現象在矛盾、在摩擦，才產生那麼許許多多不同的現象。

一切人事也都不能離開這個道理。我們學了《易經》的好處，就是對於人事的處理會有更好的原則，例如對方發了脾氣，就會勸他不要動怒，等一等再說，等他的這一爻變了，變卦了，

他不氣了，再談下去，又是另一卦的現象了。

學通了《易經》的人，對別人在發脾氣，自己覺得沒有什麼，他火發得天大，那是「火天大有」，讓他發去，發過了以後，反過來「天火同人」，兩人還是好兄弟，算了，不要吵了，學通了《易經》，用之於人事，便無往不適了。

其實就是教人要有顆平常心，要經常保持心身的均衡，你想生活得健康、快樂、幸福、成功嗎？那麼你就必須學會生存的技巧和方法。要想讓自己真正無怨無悔地度過一生，就要懂得並掌握博大的生存智慧，學會心態平衡的技巧與方法。

芸芸眾生誰不想出類拔萃？誰不想成功卓越？然而，失敗平庸者多，成功卓越者少，為什麼？

仔細觀察、比較，成功者和失敗者的差別，均是自我觀念的差別。強者、成功的人，知道怎樣面對困難、挫折、失敗，並設法用積極的心態突破它、改造它，改造自己，建立自信，永遠保持樂觀向上的進取心。而弱者、失敗的人，則自卑、恐懼、逃避問題，即不想改造自己，又不想改造世界，結果陷入迷惘、浮躁、失敗的深淵。

物質的貧乏，只能帶來生活的窮苦；而哲學的貧困，帶來的則是生命的淺薄。

眾所周知，衣食住行等生活要素，靠外力都能獲得，惟哲學的生存智慧，只能靠自身修練去

品味、體驗和領悟。

富甲天下，可能憂心忡忡；昭昭大才，不一定心懷坦蕩；而富於生存智能的人，臨終也能含笑離開人間。

生存智能的富有者是懂得調整心態的人。

心態平衡是金！

明代崔銑曾撰《聽松堂語鏡》一書。其中的「六然訓」，實為身心健康的「妙方良藥」，可資學習借鑒：

自處超然：當一人獨處時，應保持寧靜致遠的心境，忘掉煩心事，種花草，聽鳥啼、望遠方，看天空彩雲變幻，或想想令人開心的往事，保持輕鬆愉快的心境。

處人藹然：與人相處時應謙虛誠懇，樂於助人。與人交往時應寬容大度，保持良好的人際關係，創造一個輕鬆愉快的生活氣氛。

有事斬然：遇到事務繁雜心煩意亂時，既要深思熟慮，又要堅決果斷。「當斷不斷，反受其亂」，應按事情的輕重緩急有條不紊地去辦。這樣就不會因事務煩雜而心煩意亂或焦慮不安，反而會為自己有良好的辦事能力而高興。

無事澄然：無事可做時，可吟詩，練字，想想「採菊東籬下，悠然見南山」的意境，便會令人神清氣爽，飄飄欲仙。

得意淡然：得意時，仍需謙和身平，不可狂妄自大，忘乎所以，應學會控制與善於駕馭情緒。

失意泰然：失意時，應泰然處之。人生在世不會事事如意，常是失多於得。在逆境中切不可自暴自棄，應學會知足，主動尋找樂趣，這樣才能避免患得患失的不利情緒，以坦蕩的胸懷，通利的心境，良好的身心狀態迎接種種挑戰。

快樂，是一種由衷的幸福感，就是「享受一切」。快樂，人人需要，有一句廣告詞這樣說：「讓我快樂似神仙！」快樂，來自內心的一種平衡，因為只要活著，快樂就會在前方等你。你自己和藹可親，將會使其他人感到快樂，你也會得到快樂，而這種快樂是無法以其他任何一種方式獲得的。

心情和智力決定你的命運。如果你認為你在掙扎，你就覺得無奈和不快樂；如果你感覺到你在貢獻而且實現自我價值，你就不覺得累。

你是個體又是全部，就像你是汪洋大海中的一個波，個體和全部是統一體，人的痛苦是由把個體與全部分離而造成的。

精神和物質是不分割的，如果不是物質來自於精神，那麼物質也是來源於看不見的出處。

把工作視為玩樂，也是你對生活有所貢獻、實現自我潛能的惟一途徑。有人是快樂的，有人是鬱悶的；有人是幸福的，有人是痛苦的。

由此，我們必須正確劃分理想主義者與現實主義者的最大區別。

理想主義者追求的是自然和完美，表現出的是熱情、天真和無拘無束，其所作所為多是大手筆。現實主義者追求的實用和控制，表現出的是謹慎、老練和我行我素，關鍵時候還是以庸俗代替性情。

理想主義者憑心、情、義、仁和道德來處世，寧缺毋濫。實用主義者憑腦、利、霸、安和征服來處世，不擇手段。小到個人、家庭，大到社會、國家、地球、宇宙。道義和霸權是體現理想和現實的兩種力量。暴力是實現霸權的手段。如果暴力有時也被用做實現道義的途徑，就不再是理想主義者所期望的了。

人是理想與現實的統一體。作為平民布衣，理想主義者多清閒、幽雅、飄逸，有時會遊離逃避；現實主義者多富足、強壯、計較，有時會施捨得多一些來換取更多的實惠。作為王侯將相，理想主義者多清廉、根基不深，現實主義者更能從實惠中建立基礎，大權在握、呼風喚雨。理想主義者獨裁的天下多安貧，現實主義者掌管的國度多亂富。

一艘船由理想主義者掌舵，由現實主義者輔助，也許會歌舞昇平，國泰民安。如果反之，也許會國富民強，但要有更強大的武裝來保障。

不妨讀一讀下面這則寬心謠：

日出東山落西山，愁也一天，喜也一天。
遇事莫鑽牛角尖，人也舒坦，心也舒坦。
每月領取養老錢，多也喜歡，少也喜歡。
少葷多素日三餐，粗也香甜，細也香甜。
新舊衣服不挑揀，好也禦寒，賴也禦寒。
常與知己聊聊天，古也談談，今也談談。
內孫外孫同樣看，兒也心歡，女也心歡。
全家老小互慰勉，貧也相安，富也相安。
早晚操勞勤鍛鍊，忙也樂觀，閒也樂觀。
心寬體健養天年，不是神仙，勝似神仙。

29 事情一開始，就應想到後果

初六，履霜堅冰至。象曰：履霜堅冰，陰始凝也，馴致其道，至堅冰也。

人生要時刻警醒。它要求人們在做每一件事之前，要有一種警惕、戒懼的心理，要重視事物的結果。如果有好的結果，就努力去做；如果明知沒有什麼好結局，就應該慎重或者推延。這樣就減少許多不必要的犧牲和浪費。

當早上打開大門，踏到地上有霜的時候，就知道跟著天氣要冷，要準備衣服過冬了。跟著來是立冬、小雪、大雪，就要下雪了，黃河要冰凍了。這句話就是告訴人，如果講哲學，一個學過《易經》的人，就會知道前因後果。一件事情一做的時候，一定曉得後果，對這件事結論如何，自己的智慧應該知道，因為履霜堅冰至，任何事情都有它的前因和後果。

履霜堅冰，是冬天陰氣開始凝結起來，開始是前因，至於後果，則「馴致其道，至堅冰也」。順著這個時間下去，就天寒地凍，地下要結冰的。但是假如作戰，在北方碰到這情形，就知黃河要結冰了，不需幾天就可渡河而過。

在抗戰期間，我們國運昌隆，連續八年黃河沒有結冰，假使結了冰，的確有問題，日本人的馬隊一下子就過來了，日本人一直在等這個機會，可是上天保佑，抗戰八年中黃河就沒有結過冰。舉這個例子，就是說明同一個卦，看情形如何？可有利也可不利，運用之妙存乎一心，不要迷信，這是智慧的事情，全靠心靈偶然的判斷，如果加上主觀就不行了。

以前有一位善卜的人，占卜到他自己的一隻寶瓶在某月某日正午時會破碎得四分五裂，他就不信，在這一天把這只寶瓶，安安穩穩放在桌子中間，自己則坐在桌旁守著，看這只寶瓶如何破法。到了中午他的太太把飯做好了，叫他吃飯，叫了幾次他都不理，太太見他不聲不響不動，老盯著一個瓶子發呆，就故意開玩笑，欲驚醒他，拿了一條雞毛撣子向瓶上一敲：「你看這寶瓶幹什麼？」不小心把這寶瓶敲破了，於是他哦了一聲悟了！

悟了什麼？忘記把自己算進去，就是沒有把主觀算進去，這是關於算卦的有名故事。但這故事中含有很高深的哲理，人處理任何事情，往往不是忘記了自己，就是把自己看得太高，這是做人的修養、事情的處理要千萬注意的道理。

人生要時刻警醒。它要求人們在做每一件事之前，要有一種警惕、戒懼的心理，要重視事物的結果。如果有好的結果，就努力去做；如果明知沒有什麼好結局，就應該慎重或者推延。這樣就減少許多不必要的犧牲和浪費。

當然，這種慎重與戒懼不能過了頭，因考慮結果而不敢開頭。所以現在有理論家批評中國人的思維與現狀，說西方人只重視過程，而東方人只重視結果，只是看到警醒人生消極的一面，只是說了事情的一面，並非全部。

30

天地鬼神都說謙遜好

有大者不可以衣，故受之以《謙》。

如果你是一座山，你不畏懼，你不怕一切。好！風來吹你，雨來淋你，終有一天，要把你損為平地。

如果你是一座山，你把山隱藏起來，說你是平地，甚至是窪地，這樣，風會刮來許多塵土，雨會流來許多沙泥，終有一天，你要出人頭地。

《序卦》的說法更加單刀直入：「有大者不可以衣，故受之以《謙》。」——「天」有大而虧其盈，益其謙；「地」有大而變其盈，流其謙；「鬼神」有大而害其盈，福其謙；人類有大而惡其盈，好其謙。君子有大，天下安危繫於一身，所以他理應把天、地、鬼神之謙統統都包含在自身裡，以期吉祥利達。

作為一種政治投資，既然「謙」道能夠給人們贏得這麼大的回報，那就不妨「牽著鬍子過河」——先謙虛（牽鬚）一把再說！

人的第一大美德，就是第一大本事。翻遍《易經》六十四卦，如果說一點瑕疵都沒有的，只有一卦——謙卦。即使乾、坤兩大卦，都是有它不好的地方的，惟有「謙虛」和「謙遜」，連鬼都喜歡。《易經》說，謙遜，通行無阻。因為天的法則，是陽氣下降，救濟萬物，而且光明，普照天下；地的法則，是陰氣上升，使陰陽溝通，所以亨通。

天的法則，使滿盈虧損，使謙虛增益；
地的法則，改變滿盈，使其流入謙卑；
鬼神的法則，加害滿盈，降福謙卑；
人的法則，厭惡滿盈，喜好謙虛。

這些，並非我杜撰。它的原文是「謙亨，天道下濟而光明，地道卑而上行。天道虧盈而益謙，地道變盈而流謙，鬼神害盈而福謙，人道惡盈而好謙。謙，尊而光，卑而不可逾，君子之終也。」

如果你是一座山，你不畏懼，你不怕一切。好！風來吹你，雨來淋你，終有一天，要把你夷為平地。

如果你是一座山，你把山隱藏起來，說你是平地，甚至是窪地，這樣，風會刮來許多塵土，雨會流來許多沙泥，終有一天，你要出人頭地。

謙虛，是最大的本事。

有偉大成就的人，不可自滿，必須謙虛；

想成就偉業的人，必須謙虛，不可自滿。

古人有一句名言：「卑讓，德之甚。」所謂卑讓是壓低自己的地位去屈就對方，這就是「處世」的根本。劉備本身所具備的德就是這種卑讓的態度，其中又可分為兩個方面，即謙虛和信賴。

《三國演義》中把劉備描寫成一個大好人，評價與曹操完全相反。不過，若從個人能力上來觀察，劉備是一個無能之輩。曹操參戰的獲勝率為八成，而劉備只有兩成，可以說是敗多勝少。結果曹操順利地擴充勢力，而劉備卻時沉時浮，舉兵二十年後仍毫無建樹。這種結果實屬必然，因為劉備不僅作戰能力低下，而且政治手腕同樣拙劣，故難有成就。

既然如此，曹操為什麼會將能力遠不如自己的劉備視為最強的對手呢？根本原因在於劉備擁有一種足以彌補個人能力不足的秘密武器。這種武器不是別的，是用人，如果把「善於」作為一種「德」，那麼，劉備便是靠這僅有的一德而顯其賢能。

譬如有名的「三顧茅廬」的故事，劉備為了聘請諸葛亮為軍師，不惜三次親自到諸葛亮的茅屋去請他。

當時兩個人地位相差懸殊，劉備雖然在爭霸的過程中不太順利，但是也頗有名望。而且劉備當時已年近五十，而孔明卻是個二十歲出頭的無名小卒。劉備竟然會特地三次造訪孔明，以最崇敬的態度請求孔明做他的軍師。以至在孔明應允之後，又馬上將全部作戰計畫等國家大事都委任於他，這實在是最徹底的謙虛態度以及深切的信賴。

「六四，樽酒，簋貳，用缶，納約自牖。終無咎。」一樽酒兩簋飯，是說在艱險困難的情況下能夠推心置腹、相互信任地交往，剛柔相濟，所以最終免遭災禍。

孔子曰：「《易》先《同人》後《大有》，承之以《謙》，不亦可乎？」我們知道，所謂「先《同人》」，就是首先想方設法取得人心；「後《大有》」，就是以人心為資本順勢取得天下；「承之以《謙》」，就是繼而以謙卑之道維護到手的天下長治久安——孔子半掩半藏彷佛是一個城府老辣的政治設計師在向人們嘀咕他的政治保險——你想想，這對七上八下憂患重重的當權者來說，耐著性子聽一聽這樣良苦的巧安排，又有什麼不好的呢？《尚書，大禹謨》早就說過：「滿招損，謙受益。」

人生苦短。要在有限的年華當中，有所作為，有所建樹，建設精神最為重要。

　　在上一個世紀六七十年代，大陸盛行「破舊立新」和「先破後立」，那都是非常時期的手段。舊的框框太多，舊的局面難以打破，迫不得已，才能採取那樣的手段。

　　那是一種氣魄，是破釜沉舟，是孤注一擲。氣魄有，但缺乏了一種平和的心態。這種「先破後立」的建設精神，代價太大！更多的時候，需要一種平和的心態，需要一種良好的建設心理與建設精神。人的一生，事業與成就，都需要這種心理與精神。

　　循序漸進，不急躁。這是建設精神的第一要素。

　　《易經》的漸卦就十分強調這一點。按《易經》的解釋，「漸」，是水浸透，有漸漸前進的意思。柔順的停停進進，就是漸進的意思。這對年輕人特別重要。停停進進，才符合事物的規律。一鼓作氣，是人為的精神。年輕人要注重學習停停進進，而中年人則要強調一鼓作氣。因人而易，這對成功可能效果更好。

　　良好的建設精神，表現在做事不能急，一步步來。

　　《易經》裡有一個很好的比喻：漸，是象徵出嫁女子品德純正，當然吉祥。什麼是出嫁女子的純正品德呢?就是一步步來，不急，不亂來。先選日子，再準備嫁妝，然後過門，再入洞房。

　　心焦吃不得熱芋頭，亂了步驟會出洋相。

這就是停停進進，而不是一鼓作氣。

人生的建設，實際是人的道德的積累。

漸卦的象辭說：「山上有木，漸。君子以居賢德，善俗。」

山上有木，漸漸長成，這是一種自然現象。我們應當效法這種精神，逐漸培養我們的道德，積累我們的賢慧。如果我們的高貴品質像物品那樣，多得可以「奇貨可居」，而且已經形成了一種人生的風範，那我們的人生建設就一日千里了！

文明禮節，是建設精神的第二要素，堪稱基石。

人生的奮鬥，成就的取得，要在社會的規範裡進行。

《易經》的履卦是這樣說的：「上天下澤，履。君子以辨上下，定民志。」

上天下澤，這是一個現象。天在上，澤在下，分際清楚。人活在世上，對於人際關係也是要弄清楚的。

如果是在古代，公、卿、大夫、士，依功績才能賜予爵位；農、工、商，則按身份限制你的財富。——這就是古代的禮和節。

現代社會，人際關係，沒有古代的那麼尊卑分明，但上下左右，也是要處理得當，你才能如魚得水。

心安才能理得。理得才能有成就。

所謂處理得當，其中有一個最重要的問題，那就是如何處置不同人群的利益。

《易經》說，後世的公、卿、大夫、士，無功無德，卻想得到爵位；農、工、商，企圖獲得與他們的付出不相符的利益，這樣，天下就會大亂。社會在多勞多得，而不是多權多得或者多說多得這樣的分配原則下，才能安定，才能發展。

所以說，要想得到成就，要想成為成功的人，理解社會的分際，注重已經存在的文明禮節，也就是我們今天所說的「遊戲規則」，至關重要。

人生的成功和發展，與一個國家或者一個地區，是同一個道理的。

事業成功需要好人緣。人緣哪裡來？安定的環境，和諧的人際關係哪裡來？

應該說，全從謙虛中來。

《易經》的謙卦裡有一句話是這樣說的：「對於謙虛，連鬼神都喜歡，何況人呢？」

謙卦的卦辭裡有一句很重要的話：「謙亨，君子有終。」

你想亨通，想有始有終，就要謙虛。

《易經》是一本充滿憂患思想的書，它的爻辭都是好壞參半的。惟有謙卦的卦辭每一條都是好的，可見古人對謙虛德性的崇尚。

《易經》認為，謙遜就會通行無阻。因為它符合天地人間的法則。如果我們不謙虛，那就是同天、同地、同鬼、同人作對了，還能成功嗎？不死，已經萬幸！

謙虛，不僅是《易經》所宣導，儒家也特別的尊重。而老子的道德，也可以說是專門用來解說謙虛的。墨家的兼愛，也都源出謙虛的精神。

謙虛的好處，謙卦裡說得特別具象——

如果你說你是一座山，那就風吹雨淋你，讓你受損；如果你說你是一個坑，那風就會帶來塵土，水就會流來泥沙，讓你增益。

謙虛是成功的聚寶盆。謙虛，或者說謙讓，還是人生最銳利的武器。

古人說，以退為進，就是這個道理。退，就是進。進，就是銳利。

老子說：「大國對小國謙卑，就能取得小國的服從；小國對大國謙卑，就能取得大國的包容。」世界各國的元首、領導人都應該看看老子這段話，可惜他們都忙於傾軋、排場和野心（說好聽點是理想或者抱負）。

人生的建設，要在一種謙謙之風氣中進行。

有了包容，也有了服從，什麼事情都可以去做了！

31

善惡到頭終有報

積善之家，必有餘慶；積不善之家，必有餘殃。

幾千年以來，人類社會的一切努力，一切奮鬥，就是為建立一個和諧有序的社會，讓「善有善報，惡有惡報」，讓「好人都得長壽」。

「餘慶」、「餘殃」的「餘」字，餘是剩下來的，餘是有變化的，並不是一定本身就報，這是中國人對因果報應的定理，中國文化一切都建立在這因果報應上。

由此看來，劉備在臨死的時候，吩咐他的兒子兩句話：「毋以善小而不為，毋以惡小而為之。」以劉備這樣一位梟雄，對自己的兒子作這樣的教育，都是從中國舊文化來的觀念。我們看歷史傳記，常常提到某某人的上代，做了如何如何的好事，所以某某人有此好結果。

初六爻辭說：「履霜堅冰至。」這就是說，當我們足下踏著霜的時候，就應想到陰寒已甚，陽氣漸消，天氣就要逐漸冷到結成堅冰了。

比喻到人事上來，就有「防微杜漸」的意思。如殷紂之寵愛妲己，咸豐之縱容慈禧，不慎之於始，以致身敗國亂。

如孔子在《周易．系辭傳》中說：「積善之家，必有餘慶，積不善之家，必有餘殃。臣弒其君，子弒其父，非一朝一夕之故，其所由來者漸矣，由辯之不早辯矣。易曰：履霜堅冰至，蓋言順也。」這些都是表示未注意「履霜」的壞資訊而加以防止，從而釀成「堅冰至」的禍患，天下之事，大多如此。

所謂千里之堤，潰於蟻穴，順之則為禍，當防微杜漸。

佛教的精神是無我利他、利於眾生的一種精神。佛教講因果業力，善有善報，惡有惡報，佛教講究前世、今生、來世。

我們每個人、每個眾生，都有前世、今生、來世，我們每個人都有因果業力。善有善報，惡有惡報。是善因和惡因這兩種因緣操縱我們的人生，比如前世造什麼因，今生有這種果。前世有善因，今生有善果；前世有惡因，今生有惡果。

所以我們這種命是因果來決定的。不是什麼天神來決定、上帝來決定、祖先來決定，不是這樣的。跟上帝、祖先、老天爺沒有任何一點關係。

「善有善報，惡有惡報」這句古老的箴言，仔細品味，的確能咀嚼出於今人生活實踐有益的營養。

善有善報，惡有惡報，表達了善良人們的強烈心理期待。拉法格在《思想的起源》一書中向人們描述了原始人對善惡有報的深切渴望。其實，文明人又何嘗不是如此？正義的理念無論怎樣千變萬化，報復的公正，即善有善報，惡有惡報始終是正義一成不變的內涵之一，文明人類早已把善惡有報嵌入正義的深層結構之中。也許正是對善惡有報的渴望，才有對善無善報、惡無惡報的一些現象的控訴，及古代社會對清官的祈盼與嚮往和宗教對來世報應的虛設。因此，順乎民心，自然包括盡可能地滿足老百姓善惡有報的願望。

善惡有報也是健康社會的重要標誌。它意味著社會的正義，一個好人沒有好報、壞人受不到社會懲罰的社會，無論如何與公平正義相去甚遠。它意味著社會的效率，社會的發展各項事業的繁榮，從根本上仰賴人的積極性的充分調動，而要調動人的積極性，就必須對有益於社會的行為給予獎賞，對危害社會的行為給予懲罰；它意味著社會秩序，因為社會秩序的諸多要素，諸如人心的順暢、社會凝聚力的形成、良好社會風氣的營造、害群之馬的剷除均與善惡有報有著因果關聯。

霍爾巴赫在《袖珍神學》一書中說：「在每一個國家中，公民都應按照他對同胞所做之事是善是惡而得到獎勵或懲罰。如果社會在這方面處理不當，嘉獎了不配的、無用和有害的人，它

將自食其果」。

葛德文也說：「人們所得到的待遇是要用他們的功績和德行來衡量的。如果在一個國家裡，有益於其同胞的人並不比敵人更使人覺得滿意，那個國家就不會是一個智慧和理智之邦。」

善惡有報也是社會道德建設的途徑之一。經驗表明，社會賞罰與人的行為之間存在因果關係，以善惡有報為基準的社會賞罰機制無疑是美德賴以生長的肥壤沃土。

倘使人們的善行得不到應有的獎賞，甚至不得不付出高昂的代價，比如見義勇為不但流血還得流淚，誠實經商並未因其誠實而在市場競爭中占得先機，反倒被人譏為傻子，那麼，還能有多少人經受得住如此嚴峻的考驗而義無反顧？

同理，如果惡行受不到應有的懲罰，甚至還會得到獎賞，其後果必然是造成擋不住的誘惑，使作惡者愈加有恃無恐，使原本善良者受到侵蝕。

相信世界上絕大多數人跟我一樣，是希望「善有善報，惡有惡報」的，然而有時事實卻常常證明這是我們的一廂情願，自古至今，好人受冤枉，好人吃虧的，比比皆是。壞人呢，也不一定都得到懲處。

不過我雖不太相信「善有善報，惡有惡報」，卻極信「多行不義必自斃」這句話，不信你也看看，自古至今，那些張狂無度之人，哪個不栽跟斗？那些大奸大惡之輩，哪個有好下場？

這兩段看似矛盾的話，其實一點也不矛盾，這是大自然「物極必反」的規律在起作用，大自然絕不允許一種力量無限制地發展，它總是讓各種力量之間互相制約，以達平衡。為此，它給所有事物都設置了一個極限，超出這個極限，就向相反的方向發展，如強極則弱，盛極則衰。行善就是有極限的事情，即使「大善」之人，也不過犧牲自己一個人的利益。犧牲一己之利益服務於大眾，每個人不過得到其好處的幾分之一，甚至幾千幾萬分之一，「行善」之人自我犧牲很多，每個人得到的卻不多，所以「行善」有可能「有報」，也有可能得不到回報。

但是行惡沒有極限，「小惡」之人是犧牲別人一部分利益成全自己，「大惡」之人往往為了一己之利，犧牲許多人的利益，這樣，他就打亂了人類社會固有的秩序。

人類社會的運行，全靠和諧的秩序，如一條公路上的滾滾車流，所有的車輛都在相規定的車道上行駛，紅燈停，綠燈行，便行駛快速而安全，若有一部分車輛不顧規則，橫衝直撞，必使整條路癱瘓，這輛車呢，不是自己撞壞，就是被交警拖走。

「大惡」之人就如那些橫衝直撞的車輛，最後必遭懲罰，這就是人們說的「多行不義必自斃」。

和諧有序，不僅是人類社會之規則，也是整個宇宙之法則，茫茫太空，所有的星球都沿著自己的軌道運行，於是星系雖以億萬計，卻從未亂撞作一團。於是地球上方有日升月落，四季循

環，我們在此生存、繁衍。

一個人人向善的社會，必是理想社會，因為善有極限，人人皆在其極限內活動，是個秩序社會；一個人心險惡的社會，必是危險的社會，因為惡無極限，若任其發展，必使多數人的利益難以保障。

回看歷史，就會發現，越是有序社會，行善之人越得到尊重，越是無序社會，作惡之人越會猖獗。舊的秩序已經打亂、新的秩序尚未建立之時，往往就給「惡人」以可乘之機。「亂世出梟雄」的道理也在於此，梟雄雖有能力，就其品質而言，卻很少是好人。

順便說一下「好人不長壽」，這句話有一定的道理，因為好人大都忍辱負重，吃虧多。但也有許多好人心胸坦蕩蕩，遠比一般人長壽，也有一些壞人，點滴得失放在心頭，反不得長壽。「好人不長壽」主要反映了一種社會期望值，凡壞人，大家都巴不得他早死，就是年輕喪命，大家也只有拍手稱快，絕沒有憐憫他短命的，若是好人，就是活到七老八十，大家也還希望他繼續「長壽」下去。

幾千年以來，人類社會的一切努力、一切奮鬥，就是為建立一個和諧有序的社會，讓「善有善報，惡有惡報」，讓「好人都得長壽」。

32 窮寇勿追，見機而作

六三，即鹿無虞，惟入於林中，君子幾，不如舍，往吝。象曰：即鹿無虞，以從禽也，君子舍之，往吝，窮也。

人的生存與發展，依賴於千絲萬縷的社會關係，所以無論做什麼事都不要做得太絕，得為自己留一條後路。

這個卦講到這裡又不同了，又像武俠小說了。先就字面上解釋，「即」是半虛半實的字，鹿是頭上有角的獸，這是大家都知道的，有些後來的《易經》，說這個字是山麓的「麓」，說是山腳下的一排森林，好多家都在爭論這個字。虞，是古代的官名，虞人是農林部的管理員，近似現代美國的天然動物公園的園長，或農林畜牧廳長。這裡敘述的，等於一幅打獵的畫面，一隊獵人到了山邊有一排森林。

我們中國武俠小說常寫道：「逢林不入，窮寇莫追。」追敵人追到樹林裡了，不要追進去，

恐怕裡邊有埋伏。這裡是說打獵到了山腳的樹林邊，沒有山林管理員帶路，不能追進去。「君子幾」，有知識的人，碰到這種情形，自己要有智慧，要機警了，不要硬闖，鑽進去了說不定要送命。「幾」像電氣開關，一進一退，要在一念之間下判斷，所以要「舍」，不要進去了。「往吝」，如果進去了，一定倒楣。

據我的研究，還是「鹿」字對，誰教我們加一個「林」在上面？就是打獵，看到一隻鹿，拼命追到山邊一個樹林中鑽進去了，何必加上一個「林」字，自找麻煩。「即」就是追趕，「即鹿」就是追趕鹿，趕到一個地方，像部隊作戰一樣，地區地形一點都不熟，沒有嚮導，結果這一隻鹿鑽到樹林裡了，這個情況更不利，與其這樣，就應該知機警惕，不如放棄它。

這就告訴我們，在人生中看到一個獵物，本來可以拿到的，可是只差那麼一點點就拿不到，而這一機會跑掉了，情況不明，如果還拼命去抓，不必用《易經》的道理，試想它的後果，不要周公、文王、孔子，不必靠鬼神，一個有智慧的人就知道，勉強地前進，最後便很難說了。吝就是慳吝，不是好現象，艱難困苦都來了。

我們看這個卦象，前進是陰爻，黑暗的；退回來有陽爻，是光明，這就是孔子在乾卦中告訴我們的，人生最大的哲學是在「存亡」、「進退」、「得失」這六個字。

一個最高明的人，就是在這六個字上做得最適當，整個歷史的演進也是在這六個字之間，該進的時候進，該退的時候退，如果在這些地方搞不清楚，就太沒有智慧，太不懂人生，也太不懂做事了。

照上面我們的觀念來看孔子的彖辭，便完全通了。「即鹿無虞，以從禽也」，就是打鹿沒有嚮導。「以從禽也」，飛的為禽，走的為獸，中國文字並不是呆板的，古文裡「禽」與「擒」有時候固然通用，但古人硬把這裡的「禽」字解釋為「擒」的意義，在此並不十分恰當的，禽就是禽。「以從禽也」，讓它飛掉，不是很簡單嗎？又何必著書立說、硬討論一番？

為了這一個字，有幾百字的文章加以注解，可以拿博士學位，東抄西拉的，千古名言，由孔子說起，說到將來的世界，都抄上去了，這樣似乎教人不忍心不給他學位；但如果真給了他學位，又覺得對不起上帝，因為這些說法太不像話了，為什麼不好好做人，去找這麼一個東西去分析，這也太可憐了，像這樣的著作太多了。

這裡我認為「以從禽也」就是讓它飛了的意思，因為孔子說過「鳥獸不可以同群」，欲高飛的讓它高飛，欲奔走的給它奔走。

我是一個人，既不想高飛遠走，只守住人的本位這麼做，這是

孔子在《論語》上說過的，把那個觀念和這裡一配，就很平淡。「君子舍之，往吝窮也」，孔子說碰到這種情形，只好放棄，勉強的前進一定不好，結果弄到自己窮途末路。

我們見到許多朋友做生意、做事業，往往因為不信邪，非要奮鬥不可，其實沒有道理的硬闖不叫作奮鬥，最後「往吝」，發生困難，困難以後，還不回頭，遂造成了窮途末路。

窮寇勿追，見機而作，也告訴我們做事不要太絕。給別人留條後路，也是給自己留條活路。有這樣一則寓言：有一天，狼發現山腳下有個洞，各種動物由此通過。狼非常高興，它想，守住山洞就可以捕獲到各種獵物。於是，它堵上洞的另一端，單等動物們來送死。

第一天，來了一隻羊，狼追上前去，羊拼命地逃。突然，羊找到一個可以逃生的小偏洞，從小洞倉皇逃竄。狼氣急敗壞地堵上這個小洞，心想，再也不會功敗垂成了吧。

第二天，來了一隻兔子，狼奮力追捕，結果，兔子從洞側面的更小一點的洞裡逃生。於是，狼把類似大小的洞全堵上。狼心想，這下萬無一失，別說羊，與兔子大小接近的狐狸、雞、鴨等小動物也都跑不了。

第三天，來了一隻松鼠，狼飛奔過去，追得松鼠上躥下跳。最終，松鼠從洞頂上的一個通道跑掉。狼非常氣憤，於是，它堵塞了山洞裡的所有窟窿，把整個山洞堵得水泄不通。狼對自己的措施非常得意。

第四天，來了一隻老虎，狼嚇壞了，拔腿就跑。老虎窮追不捨。狼在山洞裡跑來跑去，由於沒有出口，無法逃脫，最終，這隻狼被老虎吃掉。

對這一案例，各界人士說法不一。

哲學家說：絕對化意味著謬誤。

宗教家說：堵塞別人生路意味著斷自己的退路。

環境學家說：破壞原生態及其平衡者必自食其果。

經濟學家說：預算和計畫都要留有餘地。

軍事家說：除非你是百獸之王，否則，別想佔有整個森林。

法學家說：凡規則皆有例外，惡法非法。

政治學家說：絕對的權利導致絕對的腐敗，絕對的腐敗必然導致徹底的失敗。

漁民說：一網打盡，下一網打什麼？

農民說：不留種子就是絕種絕收。

陳倉說：善待別人，善待環境，便是善待「狼」類自己，絕人者自絕。

總之，人的生存與發展，依賴於千絲萬縷的社會關係，所以無論做什麼事都不要做得太絕，得為自己留一條後路。

本寓言裡的狼發現了一個山洞，各種動物由此通過，為了捕獲各種動物，狼把這個洞裡除洞口外的所有通道都封死了，卻不料將自己陷入萬劫不復之地，成了老虎口中的美食。滅人者終自滅。「竭澤而漁」，「殺雞取卵」，古而有之。

而現在人們為了滿足自己的需求，濫砍濫伐濫採，過度開採，終將受到大自然的懲罰，這與寓言裡的狼又有何差別？

在與人交往中，一些人為了謀求個人利益，在別人背後放暗箭、中傷別人，甚至於在別人處於逆境時落井下石，這是在破壞自己的人脈。一個人無論多麼成功，也不能擔保自己沒有倒楣的時候，那時，還有誰會向你伸出援助之手？

所以得饒人處且饒人，留條活路給別人，也是在給自己留一條後路。

33 走好，不要踩著老虎尾巴

履虎尾

人生不是好玩的，好好做人實在不易。要老老實實做事，堂堂正正做人，不為物喜，不為己悲，走好腳下的每一步路，棋訓為「一子不慎，滿盤皆輸」，人生警言為「一失足留下千古恨」。

《履》卦開頭就說「履虎尾」！——行道之難，「如履薄冰，如臨深淵」；為政之難，「伴君如伴虎」。《系辭下》說：「《履》以和行，《履》，和而至。」可見《履》之為德，其核心是「和」。只有在和睦的氣氛中行事，和順守禮才能達到目的。

六爻時位，其行狀和性質各各不同，所以同樣是「履虎尾」，卻有成功與失敗這兩種迥然不同的結局：初九守素「無咎」、九二持中「貞吉」、九四恐懼謹慎「終吉」、九五堅定果決「貞厲」、上九能反思履道而「元吉」；惟有六三柔而造次為虎所傷，從反面提出了最有價值的重

要警戒。

凡此種種，無不一再說明，《履》之為德，就像走鋼絲的人一樣，必須處處小心仔細和順守禮，才能死裡逃生居危而安。

履，小心翼翼跟隨在老虎尾巴後面行走，這是多麼危險啊！然而兇猛的老虎卻沒有咬人。結果吉利亨通。——這是為什麼呢？

《彖傳》說：穿鞋走路——履。柔軟的草鞋行走在堅硬的路面上，可憐的鞋子默默無言任勞任怨，時刻應和著四處奔走的乾陽君子，猶如柔順的六三履行在剛健的初九、九二之上，下卦之兌以謙卑和悅的風貌應和了上卦之乾，所以說：「小心翼翼跟隨在老虎尾巴後面行走，兇猛的老虎卻沒有咬人，結果吉利亨通。」本卦九五居中持正，秉受乾陽大德履臨天子九五尊位，濟生民行天道，不心虛不彷徨，踏踏實實正大光明。

《大象傳》說：《履》上卦為乾，乾為天；下卦為兌，兌為澤；迭二經卦為重卦：上天下澤，尊卑判然。這就像人走路一樣，頭頂藍天腳踏大地，上高下低千古不易。洞明天地人三德的君子因循《履》道之象，破洪荒啟民德，制禮作節規範尊卑上下之儀序，以此來端正和樹立天下萬民必須遵守的道德規範和倫理意志。

《小象傳》說：「舉手投足自然而然，立身行事一本天成，有所進取而無咎害」，這是說初

九為履道之始，其為人處世特立獨行專心致志，顯現出純樸的修養和高尚的道德意願。一舉手一投足自然而然，立身處世一本天成不加雕飾。安常蹈素，樸實無華，積極前往有所進取而不會有什麼咎害。

人生如棋。我喜歡下棋，玩玩而已，不計較輸贏。在棋盤中卻得到啟迪，感歎人生如棋。兩個人搖著蒲扇遣將擺子，看似儒雅，其中卻仍見金戈鐵馬、虎鬥龍爭，還有風雪雷雨、烽火硝煙，還有不少人生啟迪。

我悟出下棋極為講究，一幅棋盤劃開楚營漢界，幾十個棋子列陣對戈，博弈看似紙上談兵，卻需要思維敏捷，不急不躁；需要總攬大局，進退自然；需要深思熟慮，講究眼力，重在算計；需要配合，重在默契，車馬炮、相士兵配合得力，方有勝數；需要靈活，陣勢變幻莫測，方可所向披靡。尤其是卒，只要幾個小卒過河聯營，便會勢如破竹，擋得千軍萬馬。人生如棋，做人亦如下棋一般！

茫茫人海，大千世界，有坦直大道，也有險惡崎嶇。要站得起，立得直，就要懂得縱橫捭闔，審時度勢，進退隨緣，慎終如始。

棋有棋道。下棋高手都能胸懷大局，洞若觀火，勇於迎戰，敢於勝利，正視失誤，勝不驕，敗不餒，守信用，懂規矩。他們沉著冷靜，三思後行，運籌帷幄，機動靈活，嘔心瀝血，落子

生根，善於求新，敢於開拓。下棋可以考驗毅力，磨練性格，修身養性，一步一個腳印，老老實實，腳踏實地；還要研究戰術，研究對手，知己知彼，百戰百勝。

做人何嘗不是如此呢？人道如同棋道。下棋就會有輸贏，勝敗且兵家常事，不必過多計較。人生沒有筆直的路，總是坎坎坷坷，曲曲折折。人生苦短，成敗、興衰、榮辱、曲直、得失、升沉、喜悲、樂哀、甘苦、寵疏……瞬息之間，須臾之時。所以，輝煌不可妄自尊大，潦倒不能妄自菲薄。要居安思危，謙虛謹慎。

棋局短暫，人生漫漫，下棋只是玩玩，人生卻不是好玩的，好好做人實在不易。要老老實實做事，堂堂正正做人，不為物喜，不為己悲，走好腳下的每一步路，棋訓為「一子不慎，滿盤皆輸」，人生警言為「一失足留下千古恨」。

現代社會人們的步伐越來越快，總有做不完的事，走不完的路，惟恐一不小心落伍了，或被社會淘汰了，人們的神經繃得緊緊的，神情嚴肅，平時少有笑容，越在發達的都市這種情況越甚，於是都市人發出一聲感歎，活著太累了，週末到鄉下去走走成為大家的渴望，在那裡散散步，放鬆一下心情簡直是人生的享受，可以暫離充滿欲望的都市生活，讓競爭一邊見鬼去吧。

大凡哲學或宗教人士認為：其實很簡單，人類有太多無窮的貪欲，只要修練自己，減少欲望，無欲，那麼人生就會變得從容、寧靜。如果欲望能少一些，甚至無欲，人們是可以變得從容不迫，享受生命本有的意義。

問題是在當今這個社會，在現今這樣的法典制度下，以私有制為經營主體的體制下，以經濟收入為衡量一個人的才華和成就的標準下，人能少欲嗎？能做到無欲嗎？有時人是不是在自欺欺人？

只有到了一定的年齡，一切定型了，或無能為力了，對人生也有了最終的感悟，才會讓欲望不斷地減少，有時還是無奈的，學會享受生命真正的意義，人生才有可能變得從容。

欲望之強烈，人們往往想更快地達到，儘量縮短奮鬥的時間，因為奮鬥在人們的概念中總是很辛苦的，而且一天不達到心裡就沒有底，人類對未來的無知讓人們更沒有耐心等待，只有到手的成果才能讓人完全放心下來，在焦急的等待中人們自然心神不定，憂心忡忡，很難做到從容。

如果光是急還好，問題之嚴重是：人們急於求成，忽視必需資源，在條件不完全成熟時採取了「果斷」的行為，結果事與願違，斷送了機會，讓欲望落空，讓美好的願望付之東流。

是什麼原因導致的呢？是一種人類自大的思想造成的。所謂人定勝天，人是世界的主宰者，人是高級動物，是社會的主人，人可以改變一切、創造一切。於是人變得盲目自大，由自己制定遊戲規則，完全按自己的設想辨事。

我們知道人類是很渺小的，宇宙有它的宇宙法則，生存於其中的任何生命體都得符合宇宙法則，凡事有它自然的規律，我們要學會與環境和諧相處，找到這自然法則，找到事物的平衡點，正如「庖丁解牛」一樣，只有深入瞭解牛的生理結構，按照牛的尖隙下刀，那麼工作起來才能遊刃有餘。

因此欲望是良好的，但我們必須明白欲望的達成有它的自然規律，必須摸清這自然規律，順應其發展，才能水到渠成，實現美好的願望，否則任何的努力都是白費的。

當我們明瞭自然法則後，我們就不會急了，因為急了沒用，不但於事無補，反而會壞事，於是就會變得從容不迫。

還有一種情況是：你本是從容的，但周圍的環境和周圍的友人不允許你這樣，他們會壓迫你、誘使你，告訴你必須怎麼樣怎麼樣，社會的無形壓力讓你動搖了，覺得他們說的確實是現實。

但請記住：他們是用人類的遊戲規則來思考問題的，是用共通性來研究問題的，但正確的應該是自然法則，更何況你是個個體，有你獨特的個性、你的天賦、你的後天資源。雖然有時他們是一種良好的規勸，但他們無法對你的生命負真正的責任。儘量一笑了之吧，走自己從容的人生之路。

34

真正成功，沒有不經過困難來的

象曰：屯。剛柔始交而難生，動乎險中，大亨貞，雷雨之動滿盈，天造草昧，宜建侯而不寧。

一個人不管在哪裡做事業，欲想成功，永遠是不寧的，欲享福而事業成功，這是不可能的，如果想有所建樹，那是永遠不能安寧的。人都想功名富貴，想成功，又想留萬世之名，又最好不要勞累，這是辦不到的。

天下的事情，當好事來的時候，都有困難，不經過困難而成功的，絕對不是好事，輕易得到的，很快就會失去，這就告訴我們一件真正成功的事業，沒有不經過困難來的。

但是人沒有危險在前面是不會努力的，有困難、有危險，則反而促成人努力爭取成功，動乎險中，才會加倍努力，也特別謹慎小心，大意了一定出毛病，所以文王解釋這個卦是大亨，大

吉大利，但是要貞，要堅定地走正路，在危險當中動，走歪路就不對了。

一個人不管在哪裡做事業，欲想成功，永遠是不寧的，欲享福而事業成功，這是不可能的，如果想有所建樹，那是永遠不能安寧的。人都想功名富貴，想成功，又想留萬世之名，又最好不要勞累，這是辦不到的。

只有蘇東坡這位絕頂聰明的人，有過這樣的妄想。他因為自己太聰明了，一生在政治上都遭遇到挫折，所以作了一首詩：「人人都說聰明好，我被聰明誤一生。但願生兒蠢如豕，無災無難到公卿。」他前面三句講得蠻有道理，最後一句又吃虧了，又太聰明了，天下哪有這種事情？

有一個故事，一個人一生太好了，死後閻王判他還是到世間做人，可是投胎做人時要成為怎樣一個人呢？閻王讓他自己決定，於是他說他只希望：「千畝良田丘丘水，十房妻妾個個美。父為宰相子封侯，我在堂前翹起腿。」閻王聽了以後，站起來說：「老兄！世間如有這種事，你做閻王我做你。」

由這個故事，再看《易經》，就瞭解人生，凡有所建樹，一生永遠都在勞累，「宜建侯而不寧」，這就是開創事業的現象。

有一天，一位旅人在荒野裡行走，突然聽到身後傳來一陣淒厲的叫聲。他回頭一看，一頭發了瘋的大象正朝他衝了過來。他慌忙撒腿就跑，發現前面有一口枯井。井邊有一棵高大的樹木，下垂的藤條正好垂向井中。

他大喜過望，連忙順著藤蔓向井內溜去。鬆了一口氣後，他仔細地打量四周，發現有一條毒蛇正盤踞在井中，井壁還有三條毒蛇圍著他，四條蛇都昂著頭，向他吐著信子，好像隨時都要向他發起攻擊似的。旅人大驚失色，趕緊朝上觀看，只見黑白兩隻老鼠正在啃噬著他所緊摸著的藤條。

旅人進退維谷，只好聽天由命。這時，突然有一滴甜甜的蜜汁滑入他的嘴中，他用舌頭舔了舔，也感到一絲安慰，可是，頃刻間，一群蜜蜂傾巢而出，將他螫得體無完膚。儘管疼痛難忍，旅人仍然緊緊抓住藤條不放，可是，不知什麼時候，一把野火把藤條燒焦了，旅人的性命已經危在旦夕……

這則寓言出自佛教典籍《雜寶藏經》，釋尊借這則故事來比喻人的命運。荒野是迷茫的世界，旅人為眾生，瘋狂的大象象徵無常的暴風雨，井中是人世，樹代表人的生命，井底的毒蛇象徵死亡，四條毒蛇是構成身體的四大要素，黑白兩色的老鼠代表夜與晝，蜂蜜是快樂，蜜蜂指的是徹悟，而野火則用來比喻疾病和衰老。

這則故事暗示我們每天都會遭到無常的風雨的侵襲，因迷惘和煩惱而感到痛苦，最後死於疾病和衰老。儘管如此，我們卻不可悲哀消極地將人生歸咎於命運的安排，而束手無策。

人的一生是虛幻的、短暫的，不管如何長久，至多也不過能活到百十來歲；在如此短促渺茫的人生中，愈是刻意追求虛無的東西，愈會過得空虛。

有多少人做夢會飛，夢中會飛的人知道生命的意義，在自由的天地裡，把自己造化得非凡。有夢的人永不會有虎落平川被犬欺的感覺，無論是順途逆境，都能從容度過。像雄鷹征服天空，像雄師為林中之王。

夢是生命的翅膀，有夢的人，可以飛過那些徒步難以逾越的障礙，把生命的過程經歷得理想、完美、快樂和幸福。

從你剛開始記事時，就有夢了。夢境是你靈魂的風景，也是理想的香格里拉。一直重複的美麗的夢是你註定要達到的境界。人的一生就是把你想做想為的變成已作過已成為的過程。

如果你有自己的夢，還能成為一個引導別人的人，你就是一個幸福和讓人幸福的人。神仙下凡也無非是因為羡慕你這樣的人生。

人生是一條路，有平坦也有坎坷。人生是一條河，有波濤洶湧，也有風平浪靜。人生是一首歌。人生更是一場戲。人人都在社會這個大舞臺上扮演自己的角色。人生是有限的，正如天上的流星，在時間的長河裡轉瞬即逝，我們應在這有限的人生旅途中，努力追求生命的真諦。

35

歲月留聲人過留名

無成有終

「人生自古誰無死，留取丹心照汗青」；「人生在世，不流芳百世就遺臭萬年……」可想而知，「名」是一個人惟一能留在世上的東西。

人生有兩條路，一條是現在的事業成就，一個是千秋的事業，像宋朝的三個大儒，朱熹、程頤、程顥等，官做得並不大，他們在學說上留名萬古，永遠有地位；如韓信、張良輔助漢高祖千古留名，但是無成，自己本身不會成功的，雖然不會成功，可有結果。反之，人若有房子，有鈔票財產，不見得是成功。

中國俗語多。俗語是生活的象徵，更是大自然的化身。「雁過留聲，人過留名」就是中國千百萬俗語中的一條。

「雁過留聲，人過留名」，在歷史上留下自己的痕跡是許多人的願望。如今，英國一所網上

「傳記圖書館」給小人物也提供了青史留名的機會，只要登錄註冊，你的生平資訊就會被永久保存，成為不朽的「歷史史料」。可這決不算真的留名。

「大雁往南飛，一會兒排成一字，一會兒排成人字……」的確，在秋高氣爽的日子裡，我們經常能看到大雁往南飛。

我們除了能看到課文裡說的情景外，還能知道，在雁群飛過的同時，「忒兒，忒兒」的聲音不絕於耳。那清脆的聲音是大雁父母對它們孩子的叮嚀，是大雁之間的互相關心，是大雁姊妹間親暱的聊天。

那親切、和諧的雁聲，留給人們的豈只聽覺上的波動！那是心靈的共鳴，是至高無上的親切啊！

那聲音把我拉到一部電影劇情裡：一家人在吃飯，其中有一道鹹菜。媽媽說合自己的口味，盡往自己的碗裡夾鹹菜。兒子看到後用筷子勸阻式地擋回了媽媽的筷子，說：「媽，老年人不宜吃太鹹的。」媽媽嘴上說：「瞧瞧，還有這樣不讓老媽夾菜的兒子。」可是臉上卻是甜蜜溫馨的笑。是的，大雁的聲音也是如此，只是我們聽不懂而已。

「人生自古誰無死，留取丹心照汗青」；「人生在世，不流芳百世就遺臭萬年……」可想而知，「名」是一個人惟一能留在世上的東西。

但是，又有哪些人是專為留名而去做事的呢？偉大的發明家愛因斯坦和鐳的發現者居里夫人，他們為人類做出巨大貢獻卻謝絕了因此而獲得的巨額獎金。

當然，人世間還存在著少許這樣的人，他們認為流芳不成，遺臭總行，也不枉來世上走一遭。「留名」的想法是積極的，但是他們歪曲了「名」的定義，太急於表現自我，太在乎是否在世上留下了「名」。他們太需要別人記住自己了，哪怕別人記住的是他的「臭」。

正因為這樣，換來了多少妻離子散、家破人亡，也換來了多少眼淚和辛酸！歷史在不斷地刷新，遺憾卻是不可改寫的。所以，我們一定要弄清「名」的含義與「留名」的意義，切莫讓更多的悲劇發生。

生活是美好的，我們不要介意自己是大海裡的水珠一滴、原始森林裡的小草一株、大沙漠裡的沙子一粒，其實只要自己認真地去做一件事，必然會有所長，必將能服務於人、造福於人，那麼何愁不揚名呢？

貝多芬我們不陌生吧？李白、杜甫還記得吧？……他們很平常，無非是發揮所長彈彈琴、寫寫詩，可是為什麼他們的名能夠老幼皆知甚至流傳好幾個世紀呢？細想，他們不正給人們帶來了更多的精神食糧，豐富了人們的文化生活嗎？

人生無常。煩惱時抬頭看看雁群，聽聽它們的叫聲；迷茫時想想自己有何特長，看看能做點什麼。多點理解，多點付出，我們的社會會更精彩，明天會更美好。

「人活一世只圖留個好名聲。」這話確實不錯，無論古代、現代；中國、外國。但一個人怎麼才能留一個好名聲呢？只靠酒桌上的朋友嗎？不儘然吧？這是一團迷霧，一團可以迷住心竅的霧。

明朝的于謙有這樣的一首詩：「粉身碎骨全不怕，要留清白在人間。」這首詩完全道出了人類崇高的思想境界。自古至今，許多仁人志士為留清白在人間，赴湯蹈火，救民於水火，這樣的人永遠活在人們心中，他們是永生的。而整天沉迷於酒色之間的人，終將化作泥土，被人們踩在腳下，你想這樣嗎？

宋代畫家趙廣被金人俘虜後，寧可斷手也不為其作畫。國畫大師徐悲鴻曾斷然拒絕為蔣介石畫像，並冷淡地對來人說：「我對你們的委員長不感興趣。」

所以，元人張養浩述懷道：「無官何患，無錢何憚，休教無德人輕慢。」

以上這些都反映了人對自身人格是相當重視的。人具有動物所沒有的高級「需要」，其中之一就是對人格價值的追求。古人云：「人生有七尺之形，死惟一棺之土，唯立德揚名，可以不朽。」人格的偉大之處就在於：它是超出了任何肉體需求的內在美，而惟有人的內在美才是永恆的。

一般說來，一個人在春風得意時聽到種種讚譽並不困難，難的是在身處逆境時仍然為大眾所懷念。這就是人最為可貴的「身後名」。

事實證明，凡追求人格高尚者都信仰「人到無求品自高」。因此他們能夠按照人格的要求有所為或有所不為，「不降其志，不辱其身」。

36

人生的貴人可遇不可求

飛龍在天，利見大人

假使有人跌了一跤，剛好有一位清道夫看見，將他扶起送到醫院，這位清道夫就是跌跤者的貴人。貴人的貴與不貴，是在時間空間上剛剛需要幫助的時候，予以幫助的就是貴人。

「飛龍」就是騰飛的龍，「大人」就是高人，「飛龍在天，利見大人」就是說龍要騰飛，先要向「大人」學到本事。

「九二，見龍在田，利見大人。」

九二爻，是乾卦內卦的中爻，中爻是最好的、最重要的。九二爻見龍在田，利見大人，「見龍在田」，見是現的意思。龍現在田裡，等於虎落平陽被犬欺了，還如何利見大人？這要瞭解「田」的意思，中國文字與西方文字不同，不但是單音字，而且一字往往含有幾種不同的意義。

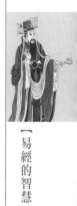

中國古代的田，是圖案畫，上面通了為由，下面通了為甲，上下通了為申，中字旁邊加示，上天垂示就是神，神是上下通的，所以鬼字亦從田，上面走不了，向下面走就為鬼，後來再加兩根頭髮，就成鬼的樣子。電、雷都從田，天上下水，地下發雷，雷向下走為電。

這是中國字結構的由來，每字都有道理，不比ABCD硬湊攏起來的。從上面的解說，我們便知這裡的田字是代表地面，就是大地，不要以現代的觀念，認為田只是種稻子的田，那就錯了。見龍在田的卦象，是早晨太陽剛剛從地面升上來，光明透出來了，在這個時候「利見大人」。如卜到這個卦，卜卦的說，如去見董事長或什麼長官輩謀事之類，一定成功。大人並不是很大的人物，在古代大人、小人是相對的名稱，一如「貴人」這個名稱，並不一定是很大的貴官。

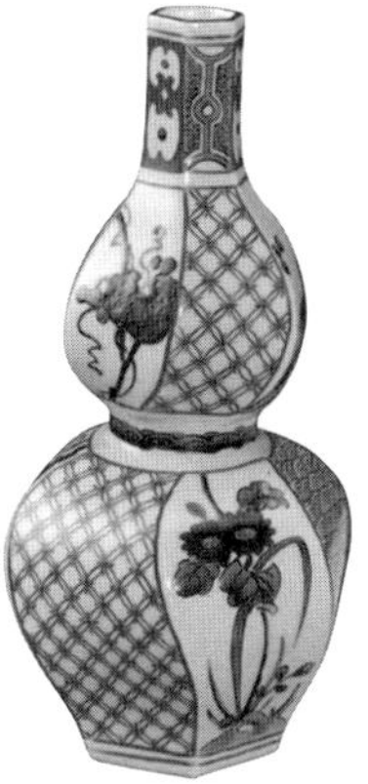

假使有人跌了一跤，剛好有一位清道夫看見，將他扶起送到醫院，這位清道夫就是跌跤者的貴人。貴人的貴與不貴，是在時間空間上剛剛需要幫助的時候，予以幫助的就是貴人。

假定我們以漢高祖為比方，當他打敗了項羽，自己創業的時候，正是飛龍在天了，他還要利見大人，這個大人是誰？是指他所遇到的都是好人，都是對他有幫助的人，看漢高祖的一

生，正是一個乾卦，最初當一個亭長，一天到晚喝喝酒，正是潛龍勿用，後來到了飛龍在天、利見大人的時候，他所遇見的人個個都是好人，個個都有用處，個個說他好，都幫助他。

成功路上多貴人，但還是要靠自己的力量先出發。埋怨現狀永遠比提出建議簡單；破壞現況永遠比建設未來容易。但是，問題永遠不會解決；不滿也永遠不會改善。

我認識一位男性友人，從事自由工作，最令他煩惱的不是工作的本身，而是他的一頭烏黑黑的秀髮。剪短的時候，他覺得留長髮好看。好不容易，頭髮留到肩上，他覺得怪怪的，又去燙成捲髮。過不了幾天，他又覺得還是剪短比較像個男人的樣子。一年三百六十五天，我親眼看到的情況是——隨著他的心意搖搖擺擺，他的頭髮也跟著長長短短，反反覆覆了好幾次。兩年過後，我忍不住問他：「老兄，你到底喜歡長髮還是短髮？」他聳聳肩，說：「唉！不知道！我還在摸索吧！」

人生，很多時候說「不知道！」可以代表謙虛；但是，對自己身上的事推說「不知道！」只有兩種可能：一是不負責任；二是缺乏自信。

頭髮愛留多長，是自己的事。工作該怎麼換，也要靠自己決定。這些和別人都沒有關係；不

過，若是能早點拿定主意，弄清楚自己想要的究竟是什麼，別人才能給予適當的配合或協助，自己也比較容易成功！

也許你的一生只有一次。

遇到你真正的愛人時，要努力爭取和他相伴一生的機會，因為當他離去時，一切都來不及了……

遇到可以相信的朋友時，要好好地和他相處下去，因為在人的一生當中，可遇到知己真的不容易……

遇到人生的貴人時，要記得好好感激，因為他是你人生的轉捩點……

遇到曾經愛過的人時，記得微笑向他感激，因為他是讓你更懂得愛的人……

遇到曾經恨過的人時，要微笑向他打招呼，因為他讓你更堅強……

遇到現在和你相伴一生的人時，要百分之百地感謝他愛你，因為你們現在都得到幸福和真愛……

遇到背叛你的人時，要好好地跟他聊聊，因為若不是他你不會懂得世界……

遇到曾經偷偷喜歡的人時，要祝他幸福，因為你喜歡他時是希望他幸福快樂的……

遇到匆匆離開你人生的人時，要謝謝他走過你的人生，因為他是你精彩回憶的一部分……

遇到曾經和你有誤會的人時，要趁現在解清誤會，因為你可能只有這一次機會解釋清楚……

人的一生可能就只有這一次機會去做這些事情………

此文獻給那些正在尋找或者已經相知相伴的那些人們！！！！

貴人是可遇不可求的，所以我們要尊重身邊的每一個人，注重自己的一言一行，貴人也許就會在你需要的時候，在你不注意的時候「從天而降」，記住，每一個人都可能成為你的貴人。

孩子對客人說：「我爸爸講，你是他的貴人！」

我當時看得出來，那人聽了有多麼高興，因為他知道我沒有忘記他以前的好處，但我後來也聽說，他的太太回家跟他大吵一架，說他自己連個固定的工作都沒有，怎會是別人的「貴人」？

他的妻子錯了：因為能做貴人的，自己不一定多麼尊貴；當我們要找自己生命中的貴人時，也絕不見得要到世俗所謂榮華富貴的階層去尋覓。許多貴人，都出奇的平凡。而平凡的我們，也隨時可能成為別人生命中具有重大意義的「貴人」。甚至當我們成為別人的貴人時，自己都還不知道呢！

從前有個人寫信給燕國的丞相，因為光線太暗，就叫僕人舉燭，一不留意，把「舉燭」兩個字，也寫入了信中，等到燕國的丞相收到信，談到舉燭兩個字，竟然大為感動，說舉燭的意思是要求光明，也就是要拔擢賢才，並以此報請國王採用，使得燕國強盛起來。

傳說李白起初做學問很沒有耐性，直到某日，看見一位老婦，居然想將一支粗鐵條磨成繡花針，才頓時醒悟，回頭苦練，成為詩仙。米開朗基羅在畫西斯汀教堂時，有些不滿意自己的成績，卻又因為完成大半而捨不得重新畫，直到有一天去喝酒，看見老闆毫不猶豫地把新開的一大桶壞酒倒掉，終於下定重新畫過的決心，成就了不朽的作品。

以上寫「舉燭」的人、磨針的老太太和酒店的老闆，可知道自己無意中的行為，竟能造就了別人？而他們何嘗不是燕國、李白和米開朗基羅的「貴人」呢？

又譬如我有位朋友出國旅行，臨上飛機發現旅行社的小姐竟把他最重要的簽證資料遺失了，他起初大發雷霆，要求賠償損失，但是後來又跑去向旅行社道謝，說犯錯的小姐是他生命中的貴人。原來他沒趕上的那班飛機發生了空難。

你想想，由犯錯，到成為別人的救命恩人，這當中有多麼大的轉變，豈是當事人預先所能知道的？

再拿我最近的遭遇來說吧！當我的寫作到中途的時候，有位朋友來訪，看了我寫好的稿子說：「這些東西太軟，缺乏吸引人的力量！」

雖然那位朋友可能是嫉妒我的成績而講出酸葡萄的話。我當時也有些不悅，但細細檢討之後，發現確實有許多篇可以改換寫作角度，以造成更大的戲劇性和說服力，所以將已經寫成的三十多篇全部拋棄重寫，使其成為暢銷而且長銷的作品。

由此可知，在我們的四周，到處都可能發現自己的貴人，他們不一定是直接提拔你的尊長，反而可能是毫無關係的陌生者、一面之緣的過客，甚至你的敵人。只要你能在他們的身上領悟到重大的事務，以致導引你走向更好的未來；或由於因緣，使你免於原本可能發生的厄運，就都是你生命中的「貴人」。

所以，不要輕視任何人，也不要輕視自己，因為那平凡人可能是你的貴人；你也可能作為別人的貴人！

37

不結交小人

大君有命，開國承家，小人勿用

親賢臣遠小人的君主，都是謙虛、心胸寬廣、眼光長遠之人；親小人遠賢臣的君主都是驕妄自大、心胸狹窄、眼光短淺、貪戀女色之人。

「大君」指真做大事的人，「命」指「天命」，「大君有命，開國承家，小人勿用」指繼承天命的真龍天子如果要打下江山，就不能用小人。

《小象傳》說：「君子得志，可以乘坐華麗的車子」，這說明老百姓所擁戴的是陽剛君子；「要是小人得志，那麼連遮風避雨的草廬都會剝落殆盡」，這說明陰邪的小人無論如何是不可仰仗不可信用的。

子貢問：「少正卯是魯國知名人士，老師你殺了他，做得對嗎？」孔子說：「人有五種罪

行，而盜竊還不算在內：第一種是心達而險，第二種是行僻而堅，第三種是言偽而辯，第四種是記醜而博，第五種是順非而澤。這五種罪行，犯了一項，就難免被君子誅殺，而少正卯犯下五項，是惡人中的傑出人物，不可以不殺。」

少正卯能煽惑孔門之弟子，直欲掩孔子而上之，不可與同朝共事，是害群之馬。孔子對他痛下狠手，不但因為他一時辯言亂政故，也是為後世以學術殺人的人立下戒條。

在一個群體中，如果沒有過人的才能，如果肯受駕馭，都不足以成為害群之馬。只有下列五種人，是真正的害群之馬。

第一種是拉幫結派，私結朋黨，打擊誹謗別人的人；

第二種是虛榮心重，用奇特的行為嘩眾取寵的人；

第三種是經常不切實際地誇大散佈謠言，欺騙視聽的人；

第四種是無視規則，專門搬弄是非，煽動眾人的人；

第五種是計較自己厲害得失，動輒興師動眾進行要脅，或暗中與敵人勾結以進行要脅的人。

這五種類型的人就是人們常說的奸詐、虛偽、道德敗壞的小人。應疏遠他們，不僅不可和他們接近，而且應當細心觀察，要疏遠而不能親近，早日除掉組織內部的害群之馬，來維持組織內部的團結和生命力。

姜太公呂望封於齊地。齊地有名華士的名人，自稱不朝拜天子，不結交諸侯，人們都稱贊他為賢人。太公派人三次徵召他，他都沒有來。於是太公命人誅殺了他。

周公派使者責備他：「此人為齊地之高士，為什麼殺了他？」

太公曰：「他不朝拜天子，不結交諸侯，難道還指望他能做臣子或結交他嗎？不能做臣子的人是棄民；徵召三次而不至是逆民。當地人把這種害群之馬當作學習的榜樣，全國都仿效他，難道還有人為我所用嗎？」

有當代研究者認為這不是史實而是寓言，並且以武王不殺伯夷和叔齊的例子作證據。實際上這是很荒唐的推論。武王不殺攔路進諫的伯夷叔齊老哥兒倆，是因為天下未定，當務之急是爭取人心。而太公就國以後，當務之急是招致天下英雄為之效勞。所謂此一時也彼一時也，形勢不同，需求不同，因為做法也就不同，這本來是統治者慣常的做法，哪裡是什麼寓言呢？

罰的威脅可以讓那些本不打算好好幹的人有所憂懼，想到將會有的懲罰，也就不敢太過放肆。

另一方面，如果罰得不分明，即使賞得再周到也不會有什麼大的作用。試想，如果一個人雖然拿到了與自己付出相應的報酬，甚至還多的獎勵，而他卻看到另一個幹得很差的人並未受到任何懲罰，甚至還拿了與自己一樣的報酬，那麼他的驕傲與興奮會即刻減弱，得出一個「幹得

好壞都一樣」的結論。

閒暇無事，流覽《古文觀止》，覺得三國時諸葛亮之《前出事表》頗具現實指導意義。興行建業，似治國安邦，當「親賢臣（君子），遠小人」。否則，再好的大政方針，也會走形變樣，失之初衷。

古人國家興亡，遵從一條真理：親賢臣，遠小人，國則強；親小人，遠賢臣，國則亡。因為賢臣都主張以德、仁教化人民，以民為本。然而，這一「親」、一「遠」是何其難，有的君王就做到了，有的君王就做不到。何時「親」，何時「遠」，應該沒有方法而論，但有一條結論可以看到：親賢臣遠小人的君主，都是謙虛、心胸寬廣、眼光長遠之人；親小人遠賢臣的君主都是驕妄自大、心胸狹窄、眼光短淺、貪戀女色之人。可見，沒有好的方法來保證親賢臣遠小人，但具備了某些好的性格，身邊也就自然彙聚賢臣，小人無所發揮。

凡是有人群的地方，就有「君子」，也會有「小人」。古今中外，概莫能例外。「君子」執政，勤政、廉政、善政，上下一心，同心同德，工作順心；「小人」當道，懶政、貪政、擅政，上下異心，離心離德，工作逆心。

吾本無惡意醜化領導者。即使當權者皆是謙謙君子，如若身邊無君子相隨，有小人相擁，則事業難成。正如《前出事表》所述：「親賢臣，遠小人，其前漢所以興隆也；親小人，遠賢臣，其後漢所以頹廢也」。

何謂「賢臣」？

一是那些在大是大非面前一如既往，講原則，有道德，重工作的德才兼備者；

二是別人提拔起來的，但在新任領導主政時，仍能聽從指揮，服從分配，做好本職工作的德才兼備者；

三是那些沒有人為之說話，但確在某一方面、某一領域，真做實幹，做出實效，做出成績的無名小卒；

四是雖遭「小人」陷害，錯被主管打入「冷宮」，卻聽得進閒言碎語，經得住委屈冤枉，受得了非難誤解，咽得下辛酸苦辣，憑滿腔熱血，一顆紅心，默默無聞，耕耘不止的老黃牛。

五是敢於為民請命，犯顏直諫者。

何謂「小人」？

一是那些口是心非，吃裡扒外，看風使舵的投機者；

二是那些挑撥離間，製造矛盾，編造謊言，惟恐天下不亂的是非者；

三是做一天和尚撞一天鐘甚至連鐘也懶得撞，卻對做事者橫挑鼻子豎挑眼、指手畫腳的看戲者；

四是工作小有成效，但常做出法規所不容的事，每每還「貪天之功據為己有」，攬功諉過，成事不足，敗事有餘的危險者。

五是當著上司面極盡諂媚之能事，背後無中生有，惡語中傷的「兩面」者。

「賢臣」諫忠言，忠言逆耳但於事有益；「小人」打誑語，誑語動聽卻於事無補。

客觀講，某個區域，某個系統，某個單位，工作情形怎樣，經營績效如何，責任主要在主管負責人。畢竟他是掌舵人、負責人。然而，如果「親小人，遠賢臣」，避忠言，信誑語，方向再好，路子再對，自己再累，也會因「賢臣」的退避三舍、「小人」的興風作浪，導致事倍功半，事與願違。

當斷不斷，反受其難；當決則決，定受其益。用好一批「賢臣」，至少可以節省三分之一的時間、精力去做大事，還可以保證既定方針的貫徹落實。

「君子」和「小人」臉上沒有貼著標籤。如何識別，悉聽尊便。但仁者見仁，智者見智。對於「君子」和「小人」，經歷不同，位置各異，見識也有區別，但基本道理大致相同：賢明的領導者應該「親賢臣，遠小人」。

物以類聚，人以群分。如果領導者是「小人」，「親小人，遠賢臣」也未嘗不可。只不過是用「江山」做抵押，賭注未免大了點兒，並且註定會輸得很慘。

然而，細想起來，「遠小人」似乎不難。若知道是小人，甘心與其「同流合污」的畢竟不多，除非是臭味相投、相互利用。多的是在「不知不覺」的情況下，被小人所利用。可見，要「遠小人」，首先得「識小人」。正如一位官員在離任後說：「在任時糊塗，離任後清楚。對於小人，有的是在離任後才知其是小人，才知道不可『近』。」這位官員所言值得深思，對「識小人」和「遠小人」很有幫助。

既為小人，自然善於見「權」行事，誰有權就跟誰「貼近」，甚至不惜「信誓旦旦」……當然，他們「貼近」的目的，在於「吃小虧占大便宜」，利用你手中的權利來為他們服務，而這一切都是不易識別的，致使一些在位的領導錯把小人當君子、當能人，甚至言聽計從，委以重任。即使有時覺得「不對勁」，也不從「壞處」想。

然而，既為小人，終究是會原形畢露的，尤其是當你無權無職、無利用價值的時候，他們就會露出「狐狸尾巴」來，使一些領導者「如夢方醒」，但已悔之晚矣！

當然，也不是說領導者在位時就識不了小人。倘若領導者能夠把握以下兩條，還是可以洞察其奸的。

其一，要多「近」群眾。群眾的眼睛是雪亮的，誰是君子，誰是小人，看得一清二楚。多「近」群眾就能心明眼亮、明察秋毫。現在，一些領導者之所以不識小人，原因之一就是「近」

群眾不夠。如有的「近」的就是那麼幾個「中層」，有的甚至「近」的只是個別所謂「信得過」的身邊人，這顯然是一種不好的傾向，容易脫離群眾，滋長出官僚主義和腐敗現象。

其二，要多問幾個「為什麼」。既為小人，必有一副「小人相」，或「甜」得特別，或「親」得異樣，或「吹」得肉麻，或「勤」得反常……對此，領導者要在心裡多問幾個「為什麼」，如果對這些「反常」行為多作一些冷靜、周密、科學、細緻的思考，就不難看清小人的真實面孔。

總之，「識小人」要有清醒的頭腦、敏銳的目光、無私的品格，沒有這樣的境界，就很難「識小人」。這也說明領導者加強自身修養，提高自身思想素質的重要性。

所以，在現實這個世界，做人也許不必像古代帝王那樣苛刻，但具備一些好的品質，成功應該是其自然的事情。凡事尋其本質、尊自然之道，而不是方法和技巧，這樣才能於世間遊刃有餘。

38

面對突變時的從容是扭轉局面的關鍵

突如其來如，焚如，死如，棄如。

人生如浩瀚無垠的大海。不會永遠風平浪靜，時常會有驚濤駭浪驟起挑釁。在人生的大海上駕馭著人生小舟時，就要有勇於迎戰風浪的從容和鎮定。

「如」的意思是「這樣」，這句話可譯為：「就這樣突然來了，燒起來了，死了，走了。」指突變改變一切。

人生如浩瀚無垠的大海。不會永遠風平浪靜，時常會有驚濤駭浪驟起挑釁。在人生的大海上駕馭著人生小舟時，就要有勇於迎戰風浪的從容和鎮定。

人生是一段艱辛的跋涉。人生紛紜複雜，坎坷曲折，決不只是綠葉簇擁的紅花，更多的是荊棘雜草中遠征的苦澀；也不只是對春華秋實的滿足；更多的是經受酷暑寒冬的洗禮。人生在積

濺了大量的風風雨雨、坎坎坷坷之後，只有從容地迎接命運的挑戰，諸多人生難題才能圓滿解答。

從容是人生的一種坦然，是對生命的一種珍惜。

一個年僅二十歲的青年由於家庭貧困輟學，但他有一個妹妹，成績優異，不上大學實在可惜，於是他來到工地挖隧道，不料第一次走進隧道就岩石坍方……

當時局面難以控制，有人大放悲聲，有人想往岩石上撞，近乎瘋狂。他也差點控制不住自己，剎那間他想了很多，首先想到了死——但若自己完了，妹妹也會輟學，父母也會悲痛欲絕。他鎮靜了一下，決定試著控制局面，他努力使自己的聲音變得很沉穩：「我是新來的工程師，想活命嗎？想活命就聽我的！」黑暗中，幾個人漸漸安靜下來。

他又向被困的四個人發號施令：「一、被困的四個人必須聽他指揮。二、外面肯定在組織救援，但需要時間。三、休息睡覺，因為累死也搬不動那千斤重的大石頭。四、隧道裡到處都是水，有水就能活十幾天。不過他還是隱瞞了兩件事情：第一是他進隧道時帶了兩個饅頭，現在已成無價之寶。二是他有一個電子錶，可以掌握時間。」

第三天過去了，隧道裡還是沒有一絲光亮，他把其中一個饅頭分成四份給大家吃。第五天，終於聽見隧道隱約傳來鑽機風鎬的轟鳴。他趕緊把最後一個饅頭分成四份給大家吃，然後大聲命令四個人拿起工具拼全力往巨石上敲擊……

幾個劫後餘生的人躺在病床上怎麼也不會相信，那個沉穩威嚴的「工程師」竟然是一個毛頭小夥。當記者採訪他時，我又聽見了那句我已聽了千萬句的話：「因為冷靜，在緊要關頭，只有冷靜救得了你。」

中國歷史上因淝水之戰而聞名的謝安，有一個很令人嘆服的故事。那是在淝水大戰決戰時刻，謝安不是坐臥不寧，而是若無其事地與人下棋。其間，他的侄子謝玄的捷報傳到了，謝安看完信，默然無語，徐步走回棋局。直到有人問戰局如何，他才平靜地答到：「小孩子們打了勝仗。」表情和平常一樣。這便是一代名相的風範。

與謝安一樣，古今中外的許多名將和領袖，都具有從容不迫、指揮若定的氣度和雅量，這使得他們得以屢屢化險為夷、大勝而歸。最為令人感歎的是，在「行動的高壓」裡，成功的領導者仍能保持從容不迫的氣度，這種「高壓」包括猛烈的批評、巨大的爭議、超常的壓力，也包括變革的挑戰。在這種情況下，能夠做到從容不迫，不只是一種勇氣，也是一項技巧，更是一種氣質，就像巴哈的音樂一樣，優雅、大度、澄明，即使是迅疾的旋律，在他那裡也是一派從容不迫。

某大企業招聘，上千人報名，但只招一人，真是千中挑一。當然，待遇也是很高的。競爭到

最後，只剩下甲乙兩人，第二天由總裁親自主持面試，決定誰留誰去。因為天色已晚，這家企業的人事部便將甲乙兩人安排到公司的招待所住下，並告訴他們，只管好好休息，吃、住由服務員負責接待，明天早上八時面試。

一進房間，甲就琢磨起來：關鍵時刻到了，兩人中選一個，我明天一定要好好表現。可是「考官大人」——總裁會出什麼千奇百怪的問題呢？甲越想頭越大，越想心越不安，服務員把飯菜送進來了，他只是看看卻吃不下去。直到晚上十二點，他仍在陽臺上徘徊。這時，服務員走進來，見他一籌莫展的樣子，就關切地問：「先生，需要幫忙麼？為何這麼晚了還不睡？」甲說：「沒什麼，明天考試是最後一關，我有些緊張，所以睡不著。」

第二天，甲被敲門聲驚醒，還是昨晚那位服務員。她遞給甲一份早餐：「吃完飯，您就可以回去了。」甲很吃驚：「我還沒有參加考試呢？」她說：「不必了，我是總裁助理，是替總裁主持最後考試的。你為考試整晚睡不著，早上更是精神不振，以後公司經常會有頭疼的事，你怎能應付自如呢？而乙從容不迫，應對自如，沉著應戰，他的心理素質比你強，所以，他更合適我們公司，你另謀高就吧。」

這種出其不意的考試，在不知不覺中測試了你的心理素質。我們暫且不管這樣的招聘方式是否可行、可取，也不去管甲、乙真正的水準的差異有多大。但就心理素質而言，從容不迫的精神對於個人，尤其是對一個管理者來講更是必須的！

從容不迫還意味著留有餘味。古羅馬的哲學家曾經告訴我們，在所有的事情中都要有所保留，這是保存能量的切實的辦法。在大多數場合，一個人不應該用盡他的能量和精力，持續力比攻擊力重要，後勁比衝勁更重要。以世界盃足球賽為例，在長達一個月的賽事中，最終奪冠的球隊往往是漸入佳境的，他們在開賽之際表現得往往並不完美，但隨著賽程的深入，他們卻厚積薄發，一飛衝天。一九八二年的義大利隊就是最好的例子。

即便是在賽前，成熟的球隊也儘量避免過早出狀態，避免毫無保留地曝光自己，虛虛實實、顧左右而言他是他們常用的伎倆。而在比賽中，他們一般不會一上來就孤注一擲，因為他們知道一場比賽是九十分鐘或一二〇分鐘甚至更久，而不是十分鐘。班傑明．佛蘭克林的名言「孤注一擲之後，堡壘和處女都不會堅持很久」，似乎成了「狐狸」教練的座右銘。

一個球隊從容不迫還有一種潛在的好處，那就是不激怒對方。一般來說，你怎樣對待別人，別人就會怎樣對待你。如果你球踢得凶巴巴的，動作大，態度也無禮，對方就很可能會被激怒，他們內在的潛力就很可能迸發出來，以至出現驚人的表現，即便是贏不了你，對方也很可能同樣還以顏色，被踢傷或者因為發生衝突而被紅牌罰下的你還能參加下一場比賽嗎？

而在世界盃的歷史上，恰恰是一些球員的不冷靜導致被罰或受傷下場而為球隊的失利埋下了

伏筆。生活中也是這樣，你的從容不迫會「解除」許多人的「武裝」，使你前進的路走得更快、更穩。

將領靠的是頑強的意志，部隊靠的是高昂的士氣。人的情緒容易波動因而難以控制，要想使下面情緒穩定全在於將領鎮定的素質。能鎮定，驚恐可以安定，有叵測之心的人不敢另有所圖，這樣，敵百萬之眾都可以消滅。意志堅定並且始終堅持自己的決心，士氣奮發而勇氣倍增，行動沒有不成功的。

「鎮」，即鎮定——面臨危機而心緒不亂。「鎮」字揭示了將帥的思想修養與用兵取勝的關系。

「卒然臨之而不驚，無故加之而不怒」，方顯出英雄本色。

「泰山崩於前而色不變，麋鹿興於左而目不瞬」，才可稱大將風度。

39

惹不起，難道還躲不起嗎？

物不可以久居其所，故受之以《遯》。

「退避」並不等於望風而逃，消極遁世。恰恰相反，不善於退避，不諳這門高超的學問和藝術，文化修養中沒有這份可貴的情操，就算不得是一位智勇雙全的君子。

講到《遯》與《恆》之間的聯繫，《序卦》是這樣說的：「物不可以久居其所，故受之以《遯》。」

中國的歷史經常是小人當道，大丈夫倒楣，於是乎就有了一個經常要用到的發明：「惹不起，難道還躲不起嗎？」當然，有「小人不可得罪，只有敬而遠之」的意思。

「見義不為，無勇也。」「義」就是「宜」，凡「宜」也者，都是經過再三權衡的。這就說明「退避」並不等於望風而逃，消極遁世。恰恰相反，不善於退避，不諳這門高超的學問和藝

術，文化修養中沒有這份可貴的情操，就算不得是一位智勇雙全的君子。

人生道路上，我們只知道前進，往往忽略了後退，忽略了避讓和妥協。

而人在日常生活當中，以走路為例，不僅僅是前進的，還時有繞路，有後退，也有避讓。但在人的思維裡，似乎沒有後者，只知道一味地前進。

還有一些人潛意識裡，把除了前進之外的舉動，都歸到懦弱、膽小、沒本事、不中用等等。這真是天大的誤會！

其實，必要的後退、避讓與妥協，才是真正的勇敢，才是真正的有本事。

外交上有一句名言：沒有退讓與妥協，就沒有外交；外交是一門相互妥協的藝術。人，不可能一輩子都在前進，也不可能一輩子都沒有避讓。

一顆石子從天而降，假如人會預先發現，他是要本能的避讓，不可能還跑上去，伸長脖子把頭遞過去讓石子砸的。

真正的智者生活，是進退自如。

前進固然好。一萬年太久，只爭朝夕！

但我們還有應對非常的經驗：退一步海闊天空。

何況我們還有：寧停三分，不搶一秒。《易經》裡，有一個「避卦」，專門論述人生退避與妥協的藝術。

《易經》認為，退避和隱遁，是人生的自然法則。《易經》還有另一個重要思想，就是「變通」。退避或隱遁，都是變，變了就通。

所以說，當需要退避的時候退避，它是一種積極的選擇，並非消極。

《易經》的逐卦告訴人們，比方說，你有濟世之心，但如果前進，前方兩個小人在伸張，這就是君子不得不退避的時刻。

退避不是失敗，而是「逐而亨也」。《易經》認為，應當退避的時候，你退避，所以亨通。為什麼呢？你雖然暫時退避，但你的正氣依然，有高潔的操守，如果繼續發揮自己的影響力，可以亨通。因為對小人來說，雖然勢力伸張，但如果你正氣凜然，堅守純正，小人就不至於膽大到逼害孤高的君子。

也有點像我們常常說的，身正不怕影子歪。

如何退避？什麼時候退避？

《易經》教你一個智慧：把握時機。《易經》認為：「小人漸進，是君子決定進退最困難的時刻，因而進退的時間意義，就太偉大了。」

退讓或退避之後，不是萎靡不振，而是「君子以遠小人，不惡而嚴」。就像山與天的關係，你山再高，也不會碰到我天。因天太偉大、太高遠了，不是山所能企及的。

遠離小人，但不是憎惡小人，而是嚴於律己，以使小人不能接近（或者不好意思接近）。

我們在一些時候，感覺身不由己，要退避而不能，那是「拖累」與「眷戀」的緣故。

《易經》說，一個剛強得正的人，如果被下方的小人拖累，在應當隱去的時候卻猶豫不決，就像得了厲害的疾病。言下之意，如果是這樣也就等於無藥可救了。

另一種情形是，小人特別會來事，會侍候，你同小人有了感應，在你應該與小人決裂的時候，你卻擺脫不了所好，這就是「眷戀」使你退避不了。

《易經》說，在這種情形下，君子能做到，小人就做不到了。在明瞭小人的行徑之後，即使小人聽話、孝敬，但都能當斷即斷，退避他，這叫「逐好」。

妥協是一種智慧，是一種大度，甚至是勝利的法寶。

妥協的一種方式是退避；另一種方式是適可而止。

當止即止，不用強，那就是妥協。

《易經》說：「時止則止，時行則行，動靜不失其時，其道光明。」

應當止的時候止，應當行的時候行，動靜不失時機，前途必然光明。

如果人生沒有妥協，過分的剛強偏激，《易經》上說，就像背部的肌肉被牽扯著，動彈不得，成了死局。如果以人事比擬，就是上下左右的人都不能和諧相處，以至上下叛離，左右決裂，就好像心被火熏那樣的不安。

正所謂「艮其限，列其夤，厲熏心」是也！

如果該妥協的時候不妥協，有可能搞得眾叛親離。

有值得一提的，以期引起讀者注意的是，妥協其中一個很重要的方面是言語上的妥協。

說話要有分寸，要中肯，要條理分明，這樣會使後悔消除。

不說過頭話，留有餘地，那就是言語上的妥協。

妥協往往比進攻收益大。以靜代動，以逸代勞，漁翁之利，往往都帶有妥協的色彩。不與之爭，爭之不利；不與之鬥，鬥之有虧。讓一步柳暗花明；退一步海闊天空。

40

凡事從小事做好開始

求小得

凡事都要從小事做起，從我做起，從與他人的合作開始，認認真真的做事、做人。將小事做細是需要耐心和毅力的，需要養成一種習慣，要自覺培養良好的個人素質，才能成就自己。

「求小得」指追求較小利益。蛋糕要做大，首先要會做小。

「求小得」乃是將來「大得」的基礎。

凡事要從大處著眼，要從小事做起，不肯從基本上下功夫，從基層的工作去做的人，永遠都不會有大的成就。

人生說起來有百年之壽，其實很短。古人說人生就像飛奔的白馬跳過一條小小的溝渠一樣。

正因為人生苦短，所以要辦成幾件大事實在並不容易。

我們往往放不下架子，不能從小事、從最基層工作做起，自命不凡，總認為自己是做大事的料，期望一步登天，不知凡事都需要日積月累。還有一些人總是抱怨周圍環境不利於自己發展和成功，諸如區域太小、老闆不好、老婆不能幹、朋友不幫忙，這樣的客觀原因數不勝數，將富不起來歸咎於運氣不好！從來沒有想過其實最最根本的原因是自己不屑於做小事。所謂「一屋不掃，何以掃天下！」

「天下大事必作於細」，意思是說凡事都要從小事做起，從眼前的雜事做起，堅持到底，才能將事情做好，達到長遠追求的目標。為人處世，只要能夠不辭勞苦，堅持不懈，那麼，即使像女媧補天那樣翻天覆地的難事，也終能扭轉乾坤，獲得成功的。

有一個善於反省的人，在他生命中的某一天，突然省悟到自己迄今所做的全是微不足道的事情。他想到生命的短暫，不禁為自己虛度了寶貴的光陰而痛心，於是他發誓用剩餘的生命做成一件最有價值的事情。許多年過去了，他一直在尋找那件足以使他感到不虛度此生的最有價值的事情。可是，他沒有找到。結果，他什麼事也沒有做，既沒有做微不足道的事情，也沒有做最有價值的事情。

機會總是從你身邊走過，你不用心去觀察，怎能發現最有價值的事情呢！一味地去尋找、去發現又會有多大的收穫呢？一個會發現身邊的小事、會尋找微不足道的事情的人才會有可能發

現最有價值的事。

人的一生到處都是大大小小的事，但只要會觀察會去發現這些事情，那你的一生總算還是有點收穫，沒有白活，尋找有價值的事情必須從尋找微不足道的小事做起，從小事一步步地走向成功，一步步地向最有價值的事情走近。做一件小事也就等於向成功與最有價值的事情靠近了，走近了。連一件小事都不做的人怎能做得了一件最有價值的事？

人的一生總之只有一句話：「凡事從小事做起」。

正所謂「海不擇細流，故能成其大；山不拒細壤，故能就其高。」我們應認識到了細微處體現的大文章，反思起我們浮躁的心理，反思起我們工作的態度，反思起我們為人的素質，甚至反思起我們的文化。

何為細節？何為大事？何為成敗？也許在每個人的眼中都有著不同的含義。每個人都有滿腔熱血做一番大事業的雄心，期盼或功成名就，或衣錦還鄉，或企業百年興旺，或民族昌盛……但我們有多少人能做成其中的一件呢？一談到這些就免不了浮躁情緒的滋生，苦於自己的「文韜武略」無從施展，天降大任於斯人，怎能糾纏區區細節？！於是乎「中國人從不缺乏勤勞，從不缺乏智慧，但我們最缺的是做細節的精神」。

把我們所謂的成功、所謂的大事比作一棵參天大樹，那麼小事就是每一條樹根、每一片樹葉，沒有根，沒有葉，何謂稱做樹。

凡事都要從小事做起，從我做起，從與他人的合作開始，認認真真地做事、做人。將小事做細是需要耐心和毅力的，需要養成一種習慣，要自覺培養良好的個人素質，才能成就自己。

41

做事抓重點才不亂

得其大首

「得其大首」就是「得其大要」，我們做事情要抓重點而不拘小節，賺大錢不計小錢。這無疑是人生場上的一條金科玉律。

雪峰禪師和岩頭禪師同行至湖南鰲山時，遇雪不能前進。岩頭整天不是閒散，便是睡覺。雪峰總是坐禪，他責備岩頭不該只顧睡覺，岩頭卻責備他不該每天只顧坐禪。雪峰指著自己的胸口說：「我這裡還不夠穩定，怎敢自欺欺人呢？」

岩頭很是驚奇，兩眼一直注視著雪峰。

雪峰道：「實語說，參禪以來，我一直心有未安啊！」

岩頭禪師覺得機緣成熟，就慈悲地點化道：

「果真如此，你把所見的一一告訴我。對的我為你印證，不對的我替你破除！」

雪峰就把自己修行經過說了一遍。岩頭聽完後，便喝道：「你沒有聽說過嗎？從門入者不是家珍。」

雪峰迷惑地說：「那我以後該怎麼辦呢？」

岩頭禪師放低聲音道：「一切言行，必須要從自己胸中流出，要能頂天立地而行。」

雪峰聞言，當即徹悟。

世間的許多所謂道理都是從外部現象上去總結的，而禪機則是從內心本體上去證悟。雪峰久久不悟，是因外境的森羅萬象在心中還有所執著迷惑，無法打消妄念。「從門入者，不是家珍」，要能「從心流出，才是本性」。這就是告訴我們，凡事不要在細枝末節上鑽牛角尖，而要從事物的根本上入手。

因此，在許多時候，做一件正確的事情，要比正確地做十件事情重要得多。在短暫的人生面前，做正確的事情是「延長」生命的最好辦法。

不要任意揮霍你的精力，把它們用在正確的地方。

記得這樣一則故事，有一次，一隻鼬鼠向獅子挑戰，要同他決一雌雄。獅子果斷地拒絕了。

「怎麼」，鼬鼠說，「你害怕嗎？」

「非常害怕，」獅子說，「如果答應你，你就可以得到曾與獅子比武的殊榮；而我呢，以後

所有的動物都會恥笑我竟和鼬鼠打架。」

這隻獅子無疑是明智的，因為它非常清楚，與老鼠比賽的麻煩在於，即使贏了，不過戰勝了一隻「老鼠」。一般情況下，對於低層次的交往和較量，大人物是不屑一顧的，就像一個優秀的武士，是不會與一個蟊賊公開決鬥的。

畢竟在一定時期內，一個人的資源和能量是有限的，你無法同時做好數件同等重要、難度又都很大的事情，更何況，還有那麼多瑣事會跑出來佔據你大腦的空間，消磨你的稜角。

你如果與一個不是同一重量級的人爭執不休，不僅會浪費自己的資源，降低人們對你的期望，還會在無意中提升對方的層面。

一位俄羅斯政治家就曾有過這方面的遺憾。由於他過於在意那些小人物的攻擊，不僅耗費了許多精力與之周旋，而且也影響了他做冷靜的判斷，結果在重要的問題上判斷失誤，從而抱憾終生。不僅如此，由於他與那些人斤斤計較、「喋喋不休」，使很多選民都大感失望，這直接影響到他日後更高層次的競選。對此，有政治學家評論說，如果他能夠對有些人和事不屑一顧的話，以他的才智和人望，是完全可以成為俄羅斯數一數二的人物的。

因此，生活中最聰明的人往往是那些對無足輕重的事情無動於衷的人，他們很清楚該理睬什麼，不該理睬什麼，決不犯撿芝麻丟西瓜的錯誤，知道什麼事情可以改變命運，也知道什麼事情只會消耗青春。這樣的人對那些較重要的事務無一例外會感到興奮，同時也善於把無關緊要的事情擱置在一邊。

在現實生活中，成功者大都深知「那些太專注於小事的人通常會變得對大事無能」，並很清楚「抓住大事，小事自會照顧好自己」的道理。一流的人物大都具備無視「小」（人物、是非）的能力，換句話說，障礙大都是相對而言的，除了必須搬掉的障礙之外，大多數障礙都可以忽略，如果要先搬掉所有的障礙才行動，那就什麼也做不成。事實上，絕大多數所謂的障礙，在你超越那個階段之後，也就不成其為障礙了。

同樣的，一個人對瑣事的興趣越大，對大事的興趣就會越小，而非做不可的事越少，越少遭遇到真正問題，人們就越關心瑣事。這就如同下棋一樣，和不如自己的人下棋會很輕鬆，你也很容易獲勝，但永遠長不了棋藝，而且這樣的棋下多了，棋藝會越來越差，所以好棋手寧可少下棋，也儘量不與不如自己的人較量。

心裡有了大，才會放下小。有一項針對世界冠軍的調查就很說明問題。調查者發現，那些奪得世界冠軍的人往往很早就懷抱了這份特別的理想，並且十幾年如一日地追尋，這其中，他們也遇到了其他人所常見的種種挫折，但由於他們心中有一個高過一切的目標，因此很容易忽略那些在他們看來無關緊要的瑣碎。長期的內力凝聚產生了驚人的效果，他們終於因為能夠抓大

放小、有所為有所不為而獲得了成功。

這也應了美國哲學家詹姆斯的話，「明智的藝術就是清醒地知道該忽略什麼的藝術。」他的言下之意就是，不要被不重要的人和事過多打攪，因為成功的秘訣就是抓住目標不放。

42

上天欲使你興旺，先讓你艱辛遍嘗

險以說，困而不失其所亨，其唯君子乎！

生命，的確有了坎坷才美麗，但如何使坎坷的生活變得盡可能的平坦，是一件很難的事。好好把握自己，把心態調整到最佳狀態——為了更好的明天！

十年桃花運光陰似箭，一朝蹇難天度日如年。福禍相當，能量守恆，不虧不盈，天道有常。《升》卦之後就是《困》卦，可見古人早已明白：前行的路必然是曲折的。進兩步退一步，走走停停，停停走走，尋常百姓柴米油鹽過日子，英雄豪傑頂天立地做大事，全不是坦途，都不會一帆風順。《序卦》說：「升而不已必困，故受之以《困》。」

《孟子．告子章句下》云：「舜發於畎畝之中，傅說舉於版築之間，膠鬲舉於魚鹽之中，管夷吾舉於士，孫叔敖舉於海，百里奚舉於市。故天將降大任於斯人也，必先苦其心志，勞其筋

骨，餓其體膚，空乏其身，行拂亂其所為，所以動心忍性，曾益其所不能。人恆過，然後能改；困於心，衡於慮，而後作……」——難道上天正是以艱難困苦栽培人的嗎？

孟子的這番話說得很美、很神秘，揭示的道理動人心魄。上天欲玉成於人，則先讓你將艱難困苦都嘗遍。但是在始作《易》者看來，困難並不是上天對個別人的特殊恩賜，而是由「剛掩」造成的：陰柔掩蓋了陽剛，邪惡遮擋了光明，小人壓抑了君子。

《系辭下》說：「困，德之辨也。」——小人遭際困厄往往悲觀失望，一蹶不振；君子居困動心忍性，慨當以歌，愈挫愈奮，激勵出前所未見的潛能，貞正之德不移，進德修業更加努力，於默默靜守之中以待天時之變。

《困．彖傳》正是對君子的讚美：「險以說，困而不失其所亨，其唯君子乎！」君子落難愈顯其崇高，小人遭難愈見出其人格的渺小。《系辭下》預言：「困，窮而通」，遭難的小人不能見及於此，自暴自棄反而愈會使自己落入災難的深淵。君子恪守本命不墜雄心大志，知天知人知己，反而有助於度過困厄，轉危為安。小人之困困於身，大人之困困於道；小人之惜惜於身，大人之惜惜於道。所以《困．大象傳》說：「君子以致命遂志。」

九四爻辭說：「或者潛入深水，或者騰躍上進」，君子投身入淵，大任將降之際，誠惶誠恐如履薄冰，自個先作檢驗，先有一番迎接考驗的磨礪功夫。

「吃得苦中苦，方為人上人。」要成為一位人人尊敬的人，必須經過重重磨練，吃盡千辛萬苦，才能享受豐碩的果實。

斑馬群遭遇猛獅的襲擊。在這緊要關頭，斑馬們默默地神速地圍成一個三層的圓圈，把小馬駒牢牢地圍在裡面，簇擁著心愛拼命地飛奔。在它們看來，只有心愛的活下去，自己的生存才有意義。而獅子的狂蹄飛沙走石，踩著魔幻的鼓點，一步步逼來……眼看著一幕悲劇就要發生，這時，一隻斑馬離開了自己的群體，義無反顧地衝向了獅子……

割斷的鳴聲以雲的形象在天邊縈回，那是慈愛的眼睛，目送著心愛的逃亡……

這是發生在非洲草原上的一幕情景。

自然界的競爭是殘酷的、血淋淋的，而弱小的斑馬在強大的獅子追捕之下捐軀赴死的壯舉，卻又讓人的心靈受到強烈的震撼！那是一種艱忍之美。所表現的，是讓人肅然起敬的弱者的堅強。

就搏鬥本身的力量對比而言，這隻斑馬是弱者，它不堪一擊，而就整個斑馬群的繁衍生息而言，她是偉大的強者，她保證了這一物種的延續，而在她身上體現的，是一種了不起的獻身精神。

由此，我想到了人，想到了生活，雖然看不到刀光劍影，看不到鮮血淋漓，但就生存的嚴峻

程度而言，人生的過程，何嘗不是一種殘酷的物競天擇呢！

正如「鋼琴曲有波瀾起伏，水彩畫有鮮明有黯然」一樣，生活也不是一帆風順的，挫折會時不時地成為你生活的一部分，那麼如何以一種正確的心態去面對挫折，便是許多人所關注的問題，而有些人對待挫折的那份灑脫與樂觀會給多數人很深的啟示。

面對挫折，有人歎息，有人彷徨，有人哀歎老天的不公、命運的多舛。而你，去勇敢地正視挫折，投之以灑脫的一笑，堅信命運掌握在自己的手中，用「勤奮」去改變人生，主導命運。

當然凡事應有「度」，過於輕視挫折，過於灑脫地看待人生，也未必是件好事，有時也會削弱自己的鬥志，滋長自己的「惰性」。

「故天將降大任於斯人也，必先苦其心志，勞其筋骨，餓其體膚，空乏其身，行拂亂其所為，所以動心忍性，曾益其所不能。」這句話能流傳至今，是有它一定的道理的。

生命，的確有了坎坷才美麗，但如何使坎坷的生活變得盡可能的平坦，是一件很難的事。好好把握自己，把心態調整到最佳狀態——為了更好的明天！

由此，我不僅想問一問，今天的孩子們缺什麼？恐怕有人說什麼都不缺。因為不管是「吃、穿、玩」，還是「用」都稱得上精緻化了。但，筆者以為缺的是人生不能缺少的「磨難」。

從對孩子的教育而言，貧窮和富裕是把「雙刃劍」，貧窮能剝奪人享受的機會，卻也能鍛造人的性格；富裕能打開人的眼界，卻也能窒息人的精神。對於今天的家長們來說，如何趨利避害，有意識地讓孩子吃點苦、對他們進行點「磨難教育」，這對孩子們的一生都是至關重要的。「天將降大任於斯人也，必先苦其心志，勞其筋骨，餓其體膚。」其實就是說要進行磨難教育。對於這一點，當今一些物質高度發達的國家非常重視，且比我們做得好。

例如，筆者在電視上看到，在滴水成冰的寒冬，俄羅斯的一些父母卻帶著孩子去冬泳，讓孩子從小經受磨練。美國也是「磨難教育」成風，目前全國已有三十多個「磨難營」對青少年進行「磨難教育」。而在今天的中國，這點卻被忽視了。

事實告訴我們：過去無數有成就的政治家、科學家、作家大都有小時候飽受磨難的經歷，這也許是他們日後成功的關鍵所在。所謂「玉不琢，不成器」、「千錘百鍊方成鋼」正是對磨難教育的肯定和稱頌。

經歷過磨難的孩子才會知道今天的幸福生活來之不易，才會倍加珍惜它，也才能在挫折和失敗面前永不氣餒、勇往直前。所以，在今天的中國對於這些稱為「小皇帝」的孩子們，更不能少了「磨難教育」這一課。

家長們在疼愛你們的「小皇帝」時，千萬不要忘記讓他們多經歷些「磨難」鍛鍊，因為這才是您送給孩子最珍貴、最厚重的禮物。

43 成功貴在堅持自我優勢

改邑不改井

注重發揮自己的素質優勢對於擇業非常重要，只有按照自己的素質所長選擇職業，才能有利於勝任工作，實現人盡其才。

「邑」，家鄉。「井」，井水。「改邑不改井」是說換了地方但不換飯碗，萬變不離其宗乃是在市場經濟大背景下以定力取勝的一招常勝棋。

現代人的眼光很高，著眼國外，著眼前途，強調不論什麼職業只要出類拔萃，讓別人刮目相看就行，特別強調「升官發財」，似乎陷入一個冷眼看社會的怪現象，但我要問支撐成功的基礎你落實了沒有，要知道空中樓閣是不經風雨的！

職業目標的選擇並無定式可言，關鍵是要依據自身實際，適合於自身發展，值得注意的是伴隨現代科技與社會進步，個人要隨時注意修訂職業目標，儘量使自己職業的選擇與社會的需求相適應，一定要跟上時代發展的腳步，適應社會需求，方不至於被淘汰出局。

俗話說：「尺有所短，寸有所長」，求職者擇業應揚長避短，發揮自己的優勢。美國著名作家馬克．吐溫曾一度投資經商，開發打字機，結果賠了五萬美元，以後看到當出版商能賺錢，就開辦了一家出版公司，結果很快又陷入困境。經過兩次打擊，馬克．吐溫終於放棄經商，改在全國巡迴演說，發揮了他風趣幽默、才思敏捷的優勢，獲得了很大的成功。一八九八年，他還清了所有的債務，成為名揚四海的演說家。

在擇業過程中，要綜合考慮自己的素質狀況，並側重某一特長和優勢，以保證在職業崗位上出色地完成工作任務。注重發揮自己的素質優勢對於擇業非常重要，只有按照自己的素質所長選擇職業，才能有利於勝任工作，實現人盡其才。同時，也有利於自身的成長，在從事的職業工作上，不斷累積經驗，提高能力，做到有所發明、有所創造。要發揮自己的優勢，擇業時必須考慮以下幾點：

選自己所擅長的

自己擅長的主要是指自己的專業技能、生理特長、個性優勢。

專業技能，是指你已經系統掌握所學的專業知識和受過某種專門訓練已經具備的一些技巧能

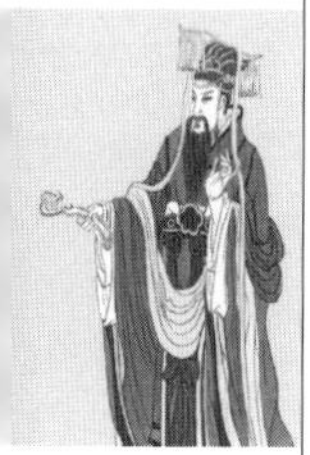

力，選擇職業時，儘量做到專業對口，學以致用，有利於發揮自己的優勢。如果為了追求較高的收入，不考慮自己的專業特長而選擇了一種與你所學專業相關甚遠的職業，客觀上造成了用非所學，不能發揮自己的優勢，雖然眼前增加了收入，但會給自己未來的發展增加難度。

生理特長，指自己的身體素質、生理條件，如身高、視力等。有些職業對身體條件有特殊的要求。視力稍差，不可能去參加飛行員的選拔測試，身材不高很難成為時裝模特。每個人的身體和生理素質都存在著差異，應瞭解自己的所長與所缺，並據此去選擇合適的職業，以利於發揮這方面的素質優勢。

個性心理，指每個人在性格、氣質、能力等方面的情況。不同的職業對求職者的個性心理都有不同的要求。求職者要瞭解自己的性格，選擇適合自己性格的工作。如有的人生性好動，那麼整天呆在辦公室工作會使他覺得「乏味」，不妨考慮一下從事行銷類的工作。有的人文靜、內向，做事有耐心，不妨選擇財務、統計、打字、化驗等工作也許更為合適。依照求職者個性心理優勢去選擇相符的職業，會大大提高職業的適應性，增加取得職業成就的可能性。

選自己所喜愛的

興趣是最好的老師。追尋興趣是人生內在衝動之一，滿足這些需求是生命本身的意義，從事一種自己喜歡的工作，工作本身就能給你一種滿足感，增加你的歡樂，你的職業生涯從此將會變得妙趣橫生，你的人生途徑從此多姿多彩。

選擇自己鍾情的職業，不僅會增添生活的情趣，更重要的是，這樣會增加你成功的機率。

在設計自己的職業生涯時，務必考慮自己的特點，珍惜自己的興趣。擇己所愛，儘量選擇自己喜歡的職業。當然，能找到發揮自己優勢的工作，那是最好的，但如果一時找不到，那就要使自己的性格、愛好去適應那份工作。

在國外，對成功與非成功人員的對比研究發現，凡是那些有著明確的自我意識，懂得他們在工作中要做什麼，並且知道通過什麼樣的方式可以圓滿完成工作的員工，他們往往在以後的提升名單中佔有相當大的份額。而那些似乎至死都認為「我這人做不了這個」，或躲在一旁以羨慕的眼光看著同伴升遷的雇員，他們往往做出了連他們自己都不敢相信的糟糕的工作結果。

曾經有人對個人成功與自信的關係做過細緻的調查研究。這項調查經歷了一個相當長的過程。

調查者們對一群智商超眾的「天才」少年（年齡十至十一歲）進行了追蹤調查，調查時間前後長達二十年。在這群昔日少年長成大人以後，有的功成名就，有的卻還在為生計而奔波。對於這種巨大的反差，研究者給出了最具權威性的解釋。

三個最基本的因素，被調查者認為是區分成功者與不成功者的關鍵：對目標的執著和是否有頑強的毅力和強大的自信。

很顯然，成功者的優勢就在於他們對自身的長處與局限心中有數，通過他們堅持不懈的努力與無畏的精神，他們能夠彌補自身的短處，並且靠著他們旺盛的激情與必勝的信念，在精神上處於成功的巔峰。

44

人多才做得起大事

鳴鶴在陰，其子和之

天時不如地利，地利不如人和。失道到了極點，就連親人也會背叛他。得道到了極點，整個天下都會歸順他。帶領整個天下的歸順之人去攻打那眾叛親離者，賢人君子不打則已，如果攻打，肯定獲勝。

「陰」，指雲陰，雲中；「和」，唱和。「鳴鶴在陰，其子和之」是說仙鶴在雲中飛舞，它的一家子都在與它唱和。無論什麼時候，獲得親友支持都是至關重要的。

商紂王是中國歷史上第一大暴君，其統治手段之殘忍在歷史上是鮮有的。他魚肉百姓，對百姓橫徵暴斂，弄得民不聊生。為了堵住天下人之口，他鉗民而致天下人「道路以目」，更設立酷刑，鎮壓百姓，他還殺賢臣，留下一群溜鬚拍馬之人。百姓敢怒而不敢言。後來，周武揮幟進攻，守城士卒紛紛掉轉矛頭，反抗商紂王，紂王眾叛親離，只得引火自焚，留下千古罵名。

孟子云：天時不如地利，地利不如人和。失道到了極點，就連親人也會背叛他。得道到了極點，整個天下都會歸順他。帶領整個天下的歸順之人去攻打那眾叛親離者，賢人君子不打則已，如果攻打，肯定獲勝。

舜為什麼為中國文化奠定了良好的基礎？因為他有優秀的幹部。領袖固然重要，幹部更重要。換言之，幹部難得，領袖也難當。舜當時能定天下，留萬古美名，靠他有禹、稷、契、皋陶、伯益五個好幹部，天下就大治了。我們要特別注意，僅僅五個人就可以把天下治好。

我們研究歷史，可以發現無論古今中外，任何一代，真正平定天下的，不過是幾個人而已。漢高祖靠手裡的三傑，張良、蕭何、陳平而已。韓信還只是戰將，不算在內。當然漢高祖也能幹，很懂得採納意見。漢光武中興所謂雲台二十八將，還不是核心人物，真正核心人物也不過幾個人。外國歷史，義大利復興三傑，也只三個人。

每一個時代的治亂，最高思想的決策，幾個人而已。豈止是國家大事，據我個人的經驗所見、所體會的，不說大的，說小的，大公司的老闆，我認識的也蠻多，曾看到他窮的時候，也看到他現在的發達，如舊小說上所說的「眼看他起高樓」的，也不過兩三個人替他動腦筋，不到十幾年，擁有千萬財產的都有；個人事業也是如此。

所以人生難得是知己。個人事業也好，國家大事也好，連一兩個知己好友都沒有，就免談

了。如果兩夫婦意見還不和的更困難了。所以孔子這個話是有深意的。

《易經》上說：「二人同心，其利斷金。」兩個人志同道合，心性完全一致，真正的同志，這股精神力量可以無堅不摧。

周武王也說，他起來革命，打垮了紂王，平定天下，當時真正的好幹部只有十個人，而這十個人當中，一個是好太太，男的只有九個。

孔子說「才難」，真是人才難得。這裡孔子對學生說，你們注意啊！人才是這樣難得，從歷史上舜與武王的事例看，可不就是嗎？

「唐虞之際」，堯舜禹三代以下一直到周朝，這千把年的歷史，「於斯為盛」，到周朝開國的時候，是人才鼎盛的時期，也只有八九個人而已。周朝連續八百年的治權，文化優秀，一切文化建設鼎盛。但是也只有十個人把這個文化的根基打下來，而這十個人當中，還有一個女人，男人只有九人。但在周武王的前期，整個的天下，三分有其二，占了一半以上，還不輕易談革命，仍然執諸侯之禮，這是真正的政治道德。

這個歷史哲學，孔子講的是「才難」。我們知道清代乾隆以後，嘉慶年間有個怪人龔定庵。今天我們講中國思想，近一百多年來，受他的影響很大，康有為、梁啟超等等，都受了他的影響。他才氣非常高，文章也非常好，而且那個時候他留意了國防。外蒙古、滿洲邊疆，他都去

了，而且他認為中國問題的發生，都是邊疆問題。事實上邊疆有漏洞，西北陸上有俄國，東面隔海有日本，將來一定出大問題，他也狂得很，作了一篇文章，也講「才難」。

當時他說天下將要大亂，因為沒有人才，他在文章中罵得很厲害，他說「朝無才相、巷無才偷、澤無才盜。」連有才的小人都沒有了，所以他感歎這個時代人才完了，過不了多少年，天下要大亂了，果然不出半個世紀，洪秀全出來造反，緊接著，內憂外患接連而來，被他說中了。這就是說興衰治亂之機，社會安寧的重心在人才。

不過龔定庵是怪人，不足以提倡。他怪，出個兒子更怪，他兒子後來別號叫龔半倫，在五倫裡不認父親。他更狂，讀父親的文章時，把他父親龔定庵的神主牌放在一邊，手裡拿一支棒子，讀到他認為不對的地方，就敲打一下神主牌，斥道：「你又錯了！」這就是龔半倫，人倫逆子中的怪物。

和氣生財，中國人做事，特別信奉這句話。事情不能一個人做，錢不能一個人賺。在做事賺錢的同時，要是把與周圍人的關係處好了，你就是大家推崇擁護的對象。

所以切不可與身邊那些足以影響乃至決定你事業的「群眾」們義氣用事。

45

萬事和中求，誠信合作才會成功

與人同者，物必歸焉。

「二人同心，其利斷金」，只要大家齊心協力，就會像一把鋒利的好刀，削鐵如泥。一切事業都必須精誠合作才有希望成功。

《序卦》說：「與人同者，物必歸焉，故受之以《大有》。」「與人同」，大約說的是聯合統一戰線，團結一切可以團結的力量，動員並組織民眾，最大限度地收攬人心，孤立和打擊共同的敵人。舊儒解釋「物必歸焉」云：「以己之欲從人之欲，則天下之物皆歸於己。」話說得太漂亮了，就不真實不明確了。

其實這裡說的，明明是由前因所導致的政治後果——得天下。所謂「與人同者，物必歸焉」，假如說白了，意思就是講最得人心的人一定能夠得到天下，而且確實得到了天下。如果說，《同人》隱約講的是周武王取殷紂王而代之；那麼，《大有》當然說的就是周公攝政那回

事情了。

將《同人》上下二經卦顛倒過來就是《大有》卦。萬物的生長總是與天時地利的運轉不謀而合，大人的所作所為也應該與天下萬眾的心願同心相結。一個天下歸心的人，就是一個可以收天下之物於己的人。

這個卦認為，要突破世界的閉塞，需要人與人之間的和同與團結。如果每個人都能公平無私地與人和同；那就是聖人理想中的大同。世界上所有的人都能和同起來，當然亨通。

我們現在的外交政策，「求大同，存小異」的原則，就是從《易經》中來的。

和同，要有對象。你沒有和同的對象，就是孤家寡人，就是失道寡助。

孤獨，並不吉祥。

和同，需要打破門戶之見。不能有宗派主義，不能有私心雜念。

和同，需要道義，需要正義。不能和稀泥，要堅持原則。但在堅持原則之下，就要允許不同的意見與觀念的存在。

這些，不是我們這個世界天天在說的大道理嗎？

人，活在世上，你必須與他人和同，除此別無他路。

孔子在周遊列國，行教化之責的時候，有一位耕田的隱士恥笑他正事不幹，一輩子往人堆裡桀。孔子回敬這位隱士時說：「人不可能與禽獸住在一起，採取逃避現實的態度，我不與人在一起，又能跟誰在一起呢？」

和同，是人生積極的態度。和同，並非同流合污。

在二十一世紀初的一張報紙上，談到「升職人的四大特質」時，把「具有合作精神」列在第二位，可見「合作」在成功人生中的重要地位。

這使我想起慈濟大學的校訓。慈濟大學的創辦人是一位女尼，後來聞名世界，她叫證嚴法師。她給學生和弟子的一條訓示是「合群」。合群，就是有團隊精神，能有「和同」的本領。與什麼樣的人合作，如何合作，才能談到成就。

你能從人的說話狀態中，看出一個人的心理嗎？你能確定他說話時在想些什麼嗎？

《易經》的《系辭下》中有一段很古老很精彩的話，供你參考——

想背叛你的人，說話會有慚愧的表情；心中有疑慮的人，說話雜亂矛盾；有修養的人，說話少；浮躁的人，說話多；誣衊善良的人，說話遊移不定；有失操守的人，說話含混，不能直截了當。

它的原文是這樣的：「將叛者其辭慚，心中疑者其辭枝，吉人之辭寡，躁人之辭多，誣善之人其辭游，失其守者其辭屈。」

這可是幾千年前我們的祖先說的話呵！我以為，如果不學習《易經》，是對智慧的一種忽略。而當今社會，知識可以買賣，而智慧仍需自己去尋找。

做人做事，一定要與真誠者合作。

如果價錢談得合適，父親和老婆都可以賣的人，儘管聰明、儘管能幹，也不能視他為合作的對象。更不說要真正的合作了！

真誠者在哪？如何鑒別真誠者？

真誠者在於他有仁有義。

《易經》說，天、地、人有三大法則——

天的法則：陰與陽；

地的法則：柔與剛；

人的法則：仁與義。

陰陽是氣體，柔剛是形體，仁義是德性。

陰陽之氣凝聚成柔剛之形體。仁是柔和的德性，義是剛直的德性。

有仁義為之真誠。

志同才能道合。志不同道不合。

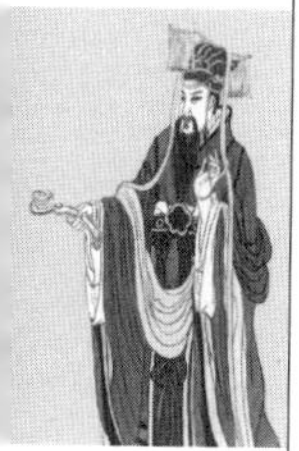

《易經》的同人卦裡說：「同人於野，利涉大川，利君子貞。」

同人卦的「卦辭」和「象辭」說了幾個「和同」的有趣現象。

一是和同於野。與人和同，與人集結，要在空曠的野外，而不是相聚於密室。這似乎是說集結的目的光明正大、磊落，沒有什麼見不得人的東西。

它進一步的意義是，在曠野中集合群眾，象徵在最大的範圍，公平無私地與人和同，這是聖人理想中的大同。

世界上所有的人和同，當然亨通。

二是同人卦的卦象。說同人卦的像是天底下燒著一把火。天光朗朗，這樣的天底下燒著的那把火，又是光明的，火焰向上的。這樣的「象」，即天與火同亮，都有光明的德性；天與火都有向上的志向：高遠而又廣闊。

它的象徵意義是，天是外卦，是乾，剛健有力，利於前進，所以以「利涉大川」來比擬；內卦是離，是火，意味著內心光明。

內心光明，外向又有剛健的性格，這些都是純潔正直的德行，所以占斷起來，是人人調和，意志溝通，團結一致，能夠冒險犯難，無往不利。

《易經》中所說的和同，當然是現在的「合作」。

合作，要有光明的心理，進而要有光明的行為。

合作中要注意的問題，以及各個層面上的合作所帶來的收效與利弊，都有詳細的論述。

第一，與人合作，要打破門戶之見。

《易經》上雖說「同人於門，無咎」，但主要強調「象曰：出門同人，又誰咎也」。同門之中，你積極去與師兄師弟甚至師父合作、和同，沒有什麼不好。如果你走出門外，與更多的人合作、與更多的人和同，又有誰說你不好呢？

《易經》在這裡強調的，是打破門戶的合作，是最廣泛的合作。

第二，與人合作，要打破宗族觀念。

《易經》明確地說：「同人於宗，吝。」如果我們只同親近人合作，與宗派團體（包括宗族）合作，就危險。《易經》再進一步感歎：「同人於宗，吝道也。」它的意思是，在天下大同的理想前提下，你以宗族和同的方法來對待世界，雖然說不上是錯誤，但真是不值得提倡的事，也不值得讚揚。

第三，和同與合作的目的，首先是正義的合作。如果是正義的合作，就會不怕犧牲。和同要代表正義，正義和同了，邪惡就會屈服，就不會得逞了！

如果讓非正義和同了，合作了，那世界只好等待災難了！

第四，有時本身中正、正義，但得不到合作，得不到和同，這也是常有的。所以《易經》裡說：「同人，先號而後笑，大師克相遇。」

在這個時候，你就要相信，正義一定會戰勝邪惡。要悲憤，要努力。

至於合作以後的景觀，以及成就，那是不言而喻的。

孔子曾說：「君子立身處世的原則，或者從政，或者隱居，或者緘默，或者議論，二人一條心，就有斷鐵的銳利；志同道合的言論，就像蘭花一樣芬芳。」

兩人同心同行，尚且如此。如果你與許多人合作：和同，那成就不是早就擺在那裡了嗎？

有一個情況可以不合作：不和同。這樣的不合作：不和同，雖然不會後悔，但也說不上得志。

比如一群壞人在做壞事，你不同流合污。

《易經》說，遠離人群，是因為不願同流合污，早已覺悟，所以不會後悔。

但這樣孤獨清高的人，自己也許不後悔，但在別人看來，並不是真正的得志。

你是人，你能離開人，住到牛羊那裡去麼？

《論語》的《微子篇》中就記述孔子為追求理想，流浪天下，途中被正在耕田的隱士嘲笑。

孔子就說：「人不可能與禽獸住在一起，採取逃避的態度。如果是這樣的話，我不與人在一起，

又能跟誰在一起呢？」

這個故事告訴我們：人不能離開人。所以說，你可以同流，但不合汙，足矣！

像蓮藕，出污泥而不染。

「二人同心，其利斷金」這句話出自孔子之口，意思是只要大家齊心協力，就會像一把鋒利的好刀，削鐵如泥。一切事業都必須精誠合作才有希望成功。

有人和上帝討論天堂和地獄的問題。上帝對他說：「來吧！我讓你看看什麼是地獄。」

他們走進一個房間。一群人圍著一大鍋肉湯，但每個人看上去一臉餓相，瘦骨伶仃。他們每個人都有一隻可以夠到鍋裡的湯勺，但湯勺的柄比他們的手臂還長，自己沒法把湯送進嘴裡。有肉湯喝不到肚子。只能望「湯」興歎，無可奈何。

「來吧！我再讓你看看天堂。」上帝把這個人領到另一個房間。這裡的一切和剛才那個房間沒什麼不同，一鍋湯、一群人、一樣的長柄湯勺，但大家都身寬體胖，正在快樂地歌唱著幸福。

「為什麼？」這個人不解地問，「為什麼地獄的人喝不到肉湯，而天堂的人卻能喝到？」

上帝微笑著說：「很簡單，在這兒，他們都會餵別人。」

故事並不複雜，但卻蘊涵著深刻的社會哲理和強烈的警示意義。同樣的條件，同樣的設備，為什麼一些人把它變成了天堂而另一些人卻經營成了地獄？關鍵就在於，你是選擇共同幸福還是獨霸利益。

隨著社會的發展，人與人之間交往日益頻繁，既存在著激烈的競爭，又有著廣泛的聯繫與合作。一個缺乏合作精神的人，不僅事業上難有建樹，很難適應時代發展的需要，也難在激烈的競爭中立於不敗之地。

越是現代社會，孤家寡人、單槍匹馬越難取得成功，越需要團結協作，形成合力。從某種意義上講，幫別人就是幫自己，合則共存，分則俱損。如果因為心胸狹隘，單槍匹馬去做事，放著身邊的人力資源不去利用，結果只能是事倍功半，甚至更糟。

優秀人才有機結合在一起，就會相映成輝，相得益彰。如今許多企業實行聯盟，就是希望通過合作產生巨大的能量，達成雙贏的效果。

現實生活中，有些人樂於助人、廣結善緣，產生了較強的親和力，工作起來就得心應手，左右逢源。相反，有的人雖然自身素質不錯，優點、長處挺多，卻與同事關係緊張，在需要合作的事情上明顯發揮不了自己的應有作用。實踐證明，無法與他人和睦相處、坦誠合作，是一些人與成功無緣的原因之一。

合作的關鍵是要有容人之心。正確評價自己，清醒看到自己的不足與短處，才能產生與人合作、共同發展的強烈願望，充分發揮自己的潛能。如果用自己的長處比別人的短處，看不見自

己的短處和別人的長處，就很難與人精誠合作。

在合作過程中，相互之間難免會有意見相左、磕磕碰碰的時候，也難免有差錯、有失誤，能不能相互寬容諒解，營造一個和諧寬鬆的合作氣氛，往往直接影響事業的成敗。

合作就要互相補合，尤其當合作夥伴的失誤給共同的事業造成困難或損失的時候，應該給予充分理解與熱情鼓勵，開誠佈公地指出失誤，實事求是地分析原因，心平氣和地探討對策，以幫助合作夥伴儘快走出失誤的陰影，振奮精神。這樣才能儘快克服困難，儘量減少損失。

有的人遇到困難或不順就一味埋怨指責合作夥伴，或者有了成績則貪天之功，結果是挫傷了別人的積極性，引起別人的反感，妨礙今後的合作，顯然不是明智之舉。

哲學家威廉·詹姆士曾經說過，「如果你能夠使別人樂意和你合作，不論做任何事情，你都可以無往不勝。」合作是一種能力，更是一種藝術。惟有善於與人合作，才能獲得更大的力量，爭取更大的成功。

「與人同者，物必歸焉，故受之以大有。」找志同道合的人，要「與人同者」替我想，也替你想，沒有自私佔有，欲自私只有公眾的太自私，為團體而自私，為國家而自私，為天下而自私，這就是「與人同者」。能夠有這樣的胸襟，就「物必歸焉」，天下萬物都向同人集中了。所以同人卦下面就是大有卦，就是說公正廉明的人，就有很多朋友，很多部下擁護，所有好的

都集中在一起。

一位成功的人如果能獲得他的朋友貢獻出全部能力，那是因為他在他們和個人的意識中灌輸了一個極為強烈的動機，使每一個人能放棄他自己的個人利益，而以一種極為和諧的精神給予合作。

不管你是誰，也不管你的明確的目標是什麼，只要你計畫通過其他人的合作努力而實現你的明確目標，那麼，你一定要在你所尋求合作的每一個人的意識中培養出一個動機，而且這個動機要強烈到足以使他們同你進行完全徹底、毫不自私的充分合作。

「合作」可使人們獲得雙重的獎勵：一方面可使我們獲得生活的一切需求享受；另一方面可使我們的內心獲得平靜，這是貪婪者所永遠無法得到的。貪心不足的人也許可以積聚龐大的物質財富；此一事實是不容否認的。但是他將會為了貪圖一時的小利，而出賣了他的靈魂。

因為只有動機中正的合作才是愉快的合作，才是明智的合作，無所不利的合作。

46

有好的開始，就是成功的一半

乾元者，始而亨者也。

成功的路途非常遙遠，也十分崎嶇難行，必須有周密的計畫、妥善的安排，如此邁步前進才能早日攀登成功的山巔，高唱勝利之歌。

在這裡「元」與「亨」是連起來解釋的，即原始的、完整的，整個是亨通的，而代表一個很好的開始。

「任何事情都是開頭難，好的開始造就好的結果」。這句話本是西元前八世紀希臘詩人海西奧德所說的，後來成為人人皆知的諺語。良好的開始，為成功打下了好的基礎。

做任何事，總有個開始。開始時，有計劃有目標，然後持之以恆地做下去，最後的成功將屬於努力奮鬥者。

「好的開始是成功的一半。」這是一句大家耳熟能詳倒背如流的名言，它告訴我們做任何一件事都要有周全而完善的計畫，擁有自己的理想與抱負，並努力實踐，才會成功。

比如創業，創業者在尋找生財之道的時候，如何選準專案，避開陷阱，穩中求勝，必須三思而後行。項目本身一定要定位，也就是說要瞭解你的項目是做什麼的，為哪些人服務。

時機也很重要。一個好項目，今年可能很好，過了今年也許就不好了，或者現在很好的項目，去年可能還不行。比如，五六年前就有朋友勸我開個數位沖印店，但當時數位相機很少，消費群非常有限，如果貿然開個門面慢慢撐著，到現在可能都賠完了。

所以，做一個項目還真要「天時地利人和」，要做通盤考慮。創業可以更好地實現自己的人生價值，但在時機不成熟的時候要走好人生的每一步。

凡事要一步一腳印，不疾不徐，不好高騖遠，一點

一滴累積下來。

成功的路途非常遙遠，也十分崎嶇難行，必須有周密的計畫、妥善的安排，如此邁步前進才能早日攀登成功的山巔，高唱勝利之歌。

如果給你一張報紙，然後重複這樣的動作：對折，不停地對折。當你把這張報紙對折了五十一萬次的時候，你猜所達到的厚度有多少？一個冰箱那麼厚或者兩層樓那麼厚，這大概是你所能想到的最大值了吧？通過電腦的類比，這個厚度接近於地球到太陽之間的距離。

沒錯，就是這樣簡簡單單的動作，是不是讓你感覺好似一個奇蹟？為什麼看似毫無分別的重複，會有這樣驚人的結果呢？換句話說，這種貌似「突然」的成功，根基何在？

鞦韆所盪到的高度與每一次加力是分不開的，任何一次偷懶都會降低你的高度，所以動作雖然簡單卻依然要一絲不苟地「踏實」。

其實，這樣的動作和事情我們每個人都會做，但又不屑於做，他們貫穿於整個日常生活，甚至你完成了這樣的一個動作，自己都不記得。比如你每天都會把垃圾袋帶出去扔掉，你會記得你用怎樣的動作扔掉的嗎？這也正像全世界都談論「變化」「創新」等等時髦的概念時，卻把「踏實」給忘記了。「踏實」是每個人都能夠做到的，可是你真正做到了新含義的「踏實」了嗎？沒有，所以你不是優秀的員工。

我們可以用比較形象的真實例子來說明「踏實」的巨大力量。在美西戰爭爆發以後，美國必須立即跟西班牙的反抗軍首領加西亞取得聯繫，因為加西亞將軍掌握著西班牙軍隊的各種情報。但是，美國軍隊只知道他在古巴叢林的山裡，卻沒有人知道確切的地點，因此無法聯絡。然而，美國總統又要儘快地獲得他的合作。一名叫作羅文的人被帶到了總統的面前，送信的任務交給了這名年輕人。

一路上，羅文在牙買加遭遇過西班牙士兵的攔截，也在粗心大意的西屬海軍少尉眼皮底下溜過古巴海域，還在聖地牙哥參加了遊擊戰，最後在巴亞莫河畔的瑞奧布伊把信交給了加西亞將軍，因此羅文被奉為美國的英雄。

看過《致加西亞的信》的人也許會覺得羅文所做的事情一點也不需要超人的智慧，只是一環扣一環地前進，因此認為把羅文塑造成英雄有點言過其實。但就是羅文的這種「一步一個腳印」，踏踏實實地把信送給加西亞，才使美國贏得了戰爭。

踏實並不等於原地踏步、停滯不前，它需要的是有韌性而不失目標，時刻在前進，哪怕每一次都要前進很短的、不為人所矚目的距離。然而「突然」的成功大多都來自於這些前進量微小而又不間斷的「腳踏實地」。

47

有思想更要有行動

君子以成德為行，日可見之行也，潛之為言也，隱而未見，行而未成，是以君子弗用也。

生活不是守株待兔的遐想，不是消極的自我研究，不是情緒化的虔敬神明，只有行動才能決定人生的價值。

有思想沒有構成行為，有好的理想、有好的計畫，沒有做出來、沒有成果，對社會、國家沒有貢獻，儘管有很好的德性，仍不能算是成德，這可以作知行合一哲學的根本。

希歐多爾·瓦爾曾經這樣說：「現在商界的年輕人最要命的弱點，就是缺乏準備，缺乏實幹精神和考慮周到的素養，空有一番進取心，不願為之努力奮鬥。」

有一種品質可以讓一個年輕人實現自己的願望，在芸芸眾生中脫穎而出，這就是實幹精神。而是否具備這種實幹精神，常常因人而異。在失敗者身上，往往蘊含著大量沒有利用、沒有開發的能力。為什麼他們沒有好好利用這些能力呢？他們中的許多人都理應獲得成功，而不是僅僅在溫飽線上掙扎。他們完全有機會做得更好，但是，為什麼他們沒有呢？

經常問問自己，我們是否在努力做好？我們是否充分利用了自己的機會？我們是進步了還是落後了？這些思考都是非常有益的。

奧利弗·霍爾姆斯說：「與我們行進的方向相比，處在哪個位置上倒是一個次要問題。」那麼，我們究竟在向哪一個方向行進呢？

有千千萬萬的人擁有偉大的雄心、宏大的志向，他們也決定要實現這些理想，但是他們又因為疑慮困惑而停滯不前，甚至不肯邁出一小步。他們一直在等待著，不敢前進，就像有魔鬼守在門口一樣。他們常常不願意全力以赴，更不用說完全切斷自己的退路了。

在我們的人生當中，我們期望自己的成功，就要為自己創造一個可進可退的人際寬鬆環境，這則是最好的處世之道。環境寬鬆了，我們的工作開展起來就顯得遊刃有餘了，成功也不會離我們太遙遠了。

人的歷史是人自己創造的，要想在人之外找到歷史的根據，只能是天方夜譚。

實際上，只要不是瞎子，誰都能一目了然地看到，人每日每時都在以社會的方式創造自己的

歷史。正是在這個意義上，馬克思概括道：「社會生活在本質上是實踐的。」也就是，人類創造的世界，不但靠的是思想，更主要的是靠人類的行動。

當我們看到一棵樹的時候——我們看到蘋果樹，我們知道這個人之前種了什麼樣的種子？蘋果種子。當我們看到香蕉樹呢？香蕉種子。櫻桃樹呢？櫻桃種子。當我們在樹上沒有看到任何果實呢？表示之前沒有種果樹。

沒有辛勤的付出就不會有收穫的季節，想要收穫豐碩的果實就得先有播種的行為。

生活不是守株待兔的遐想，不是消極的自我研究，不是情緒化的虔敬神明，只有行動才能決定人生的價值。

行動是一個人敢於改變自我、拯救自我的標誌，是一個人能力有多大的證明。光心想、光會說，都是虛的，不能看到一點實際的東西。美國著名成功學大師馬克．傑弗遜說：「一次行動足以顯示一個人的弱點和優點是什麼，能夠及時提醒此人找到人生的突破口」。毫無疑問，那些成大事者都是勤於行動和巧妙行動的大師。

人是自然的一部分，怎麼來的又怎麼去，真正屬於自己的是經歷。你的經歷決定了你是什麼，你感覺到了什麼，你又創造了什麼。

不管你的肉體怎麼來的，也不管你的靈魂如何的喪失，作為人，一個完整的人，你應該知道你是什麼。男人或女人，醫生或學生，丈夫和教授等等，都不能代表你是什麼。就像水有河水、污水、雨水、口水等等，可水是什麼？無色、無味、透明的液體。如果你知道了你是什麼，你就能像水一樣，遇冷成冰，遇火成氣，遇堵能繞，滴水穿石。

你的感覺是你對外部周圍世界的反應。你要愛和美好，你愛的一切都是美好的。從最初的感覺來認識和接受別人和事物，適應和選擇你的愛，決定付出。當你付出而不圖回報時，你已感覺到付出和回報是同步的。像你的呼吸是自然的一體，如果刻意地把呼和吸分開進行，就感到累，即使努力去協調，也不如忘掉它而讓它自然調節來得舒服。

當你認識到了你是什麼，而不是去把你做成什麼其他誰，你就會感覺到這世界裡的一切都不是你的敵人。如果你是水，就可解渴、洗滌、蒸發、灌溉、任意流淌，甚至成為雨、雪、彩虹。

你認識了自己也感覺了世界，同時你勢必採取了行動。你的行動決定了你對世界的影響，也是你被認可的依據。別人不如你瞭解你自己，但他們可根據你的行動來判斷你。當你愛上一個人、你的生活、這個世界，你必然會有所行動。也許你會猶豫、彷徨，但你終會做個決定且付諸行動。你的行動是創造性的，只要你愛你的行動而且沒有無奈的壓力。你有所創造，世界會更美好，你會愛也會得到愛，你知道你是必然的存在，任何其他人都不能替代你。

48 「進、退、存、亡、得、失」六字箴言

亢之為言也，知進而不知返，知存而不知亡，知得而不知喪，其唯聖人乎？知進退存亡而不失其正者，其唯聖人乎？

人生苦短，握緊寶貴的每分每秒這沒有錯。但你也不能將其握得太緊，放不開手。人生是一枚硬幣。你不可能在每次擲出的時候，保證都正面朝上。

亢就是「亢龍有悔」的亢，就是高亢。這點每個人都要注意，做人做事，不要過頭，過頭就是亢；大家都是平等的，只知道進不知道退，只知道存不知道亡，只知道得不知道失去，就是亢；人很容易犯這個毛病，知道進退存亡得失的關鍵，就是聖人。學《易》就是使我們知道「進退存亡得失」六個字。

比如，付出是主動地給予、服務和奉獻。失去是被動地、不能控制地損失。付出的結果是快樂，失去的結果是痛苦。

當人們在追尋幸福和快樂時，錯誤地認為得到越多越好，不願意付出和吃虧。但實際上，當索取達到貪婪的程度，往往會得不償失，其結果是痛苦。當失去已經成為必然的時候，為什麼不選擇以付出的方式，從你得到的部分回報社會、服務社會、奉獻給那些需要你幫助施捨的人？

如果你能參透這層道理，就知道了避免痛苦的方法。當你有能力主動選擇的時候，提前付出而避免失去。付出不取決於你擁有多少財富，而在於你心理願意與否。金錢與情感的付出都是一樣的道理。

有一個人兩手拿了兩個花瓶前來獻佛。

佛陀對他說：「放下！」

那個人就把他左手拿的那個花瓶放下了。

佛陀又說：「放下！」

那個人又把他右手拿的那個花瓶放下。

佛陀還是對他說：「放下！」

那個人說：「能放下的我已經都放下了，我現在兩手空空，沒有什麼可以再放下了，你到底讓我放下什麼呢？」

佛陀說：「我讓你放下的，你一樣也沒有放下；我沒有讓你放下的，你全都放下了。花瓶是否放下並不重要，我要你放下的是你的六根、六塵和六識。你的心已經被這些東西充滿了，只有放下這些，你才能從生活的桎梏中解脫出來，才能懂得真正的生活。」

那個人終於明白了。

佛陀說：「『放下』這兩個字聽起來容易，做起來卻是很難。有的人追求功名，他放不下功名；有了金錢，就放不下金錢；有了愛情，就放不下愛情；有了嫉妒，就放不下嫉妒。世人能有幾個能真正地『放下』呢！」

人生是一門高超的藝術，我們都是藝術家，每人都在上演著絕無重複的絕版活劇。然而，你要想成為精明高深的真正藝術家，那你就必須掌握人生的真諦。

不少人都曾苦苦地追尋，切切地詢問「人生的真諦究竟是什麼」？其實人生的真諦就是八個字：「進退適時，取捨得當」。

因為，現實的生活本身就是一種特殊的悖論，這種悖論以兩種形式而成立。一種是由於現實生活的無比精彩，使我們產生了極度依戀生活所給與的饋贈。當我們需要知識時，能面壁寒窗十載不為苦；當我們需要愛情時，能放下七尺男兒的所有尊嚴不為羞；當我們需要事業時，能委曲求全溜鬚拍馬不臉紅；凡此種種無法細述。就是那句話「該出手時就出手」。緊緊捉住決不留情。

然而，人生悖論的另一種，則又註定了誰也無法帶走生活給你的半點禮物。人生一世緊握雙拳而來，平攤雙手而去。也是那句話「該放手時就放手」。你不想放手也不行。

人生苦短，握緊寶貴的每分每秒這沒有錯。但你也不能將其握得太緊，放不開手。人生是一枚硬幣，你不可能在每次擲出的時候，保證都正面朝上。

由於現實的殘酷和無情，反面朝上的時候不會是少數。理想和現實之間不存在等號，也不會是平行線。這就要求我們必須接受失去，學會「該放手時就放手」。

俗話說「說起容易做起難」。這一人生的悖論並不是人人都會接受的。特別是當我們年輕氣盛風華正茂的時候，總是心高氣昂地認為世上的一切都將會聽從我們的使喚。總是相信這樣的信條「只要你全心身的投入，你所追求的就一定會成功」。

然而，生活就是生活，它總是按部就班地、不緊不慢地、從從容容地走到我們面前。當我們看清了它的真面目的時候，你那為青春而自豪的黑髮早已雪花點點了。因此，認識這一悖論另一面是一個緩慢而艱辛的過程，但它又是每個人都必須認識的過程。

其實，人生從一開始就是在不斷的失去中慢慢成長起來的。沒有失去娘胎的溫暖，你不可能來到這個世界；沒有失去永不復返的童真，你不可能走向成熟；沒有失去父母的保護，你不可

能獨立社會；沒有失去個人的自由，你不可能建立家庭。

人生既是悖論，就是因為它存在著兩個不同的對立面。我們所需要掌握的就是使它們做到對立統一。我們不能因為它的精彩而死抱不放；也不能因為它無法帶走而放棄追求。這就必須尋求一種更為寬廣的視野，透過通往永恆的視窗來審度自己的人生。

有了這永恆的視窗，我們就能在這人生的悖論中找到共存的支點：儘管生命有限，而我們在人世間的一切「作為」均為人們編織了永恆的圖景。這一圖景無論是真、善、美還是假、惡、醜都將久遠地生存下去，它不會因為我們肉體的消亡而消亡。和珅千秋脫不掉大貪官的帽子。屈原雖投江自盡則萬代均為美談。

人生得失是事物之必然，當你「得」時無須得意忘形，當你「失」時何必痛心疾首。殊不知，人只有在不斷的「失去」中才能獲得永恆不變的「得」。

「該出手時就出手」這通常人都能做到。而「該放手時就放手」則需有很高的境界。你何不用心去體驗這放手的秘訣呢？

49 持家寧可過之於嚴，不可縱之以寬

君子以言有物而行有恆

沒有規矩不成方圓，有家就要立馬立規矩，等到無規矩亂了套，無論如何怨天尤人都晚了。

「君子以言有物而行有恆。」居家的君子，其中包括在田埂上走來走去創造歷史的「神農」，除了吃飯以外，張口就應該言之有物，說話要說實實在在的大老實話，不能胡說八道，更不許像宋明的哲學家整日空談心性，一旦胡馬驟至，那是一定要誤國誤家的。

「行有恆」，打獵、種田、搖紡車，養兒育女，這些都是正經事，絕對不能三天打魚兩天曬網。當然還有讀聖賢的書，光宗耀祖求功名，弄文學弄藝術弄電影，弄量子力學弄生物工程，弄那從未得過的諾貝爾大獎，都不是十天八天、三年五年所能僥倖奏效，必得埋頭苦幹泡實驗室坐冷板凳——「行有恆」！

初九突出了一個做事慎始的道理：沒有規矩不成方圓，有家就要立馬立規矩，等到無規矩亂了套，無論如何怨天尤人都晚了。

九三講男人立家規的指導原則：寧可過之於嚴，不可縱之以寬，文章說理還有點比較研究的味道：治家嚴厲一點總比嘻嘻哈哈強！

《大象傳》說：《家人》內卦是離，外卦是巽；離為火，巽為風，風從火出而生煙，或田獵，或農牧，荒野之中炊煙裊裊，便是燕居家人之象。燃火生風，風又助火，化外之風源於家人之火，社會教化的根本滋生於一戶一家。世間君子不尚空談，說話做事實實在在，立身行事端正恆常，篤守誠信。

初九講一個家庭剛剛建立，就應該嫻習家務，儘快適應家庭生活，能把一個家庭治理得井井有條，將來也就可以當官從政了。治家之本，重在初始，嚴明家道，規矩立於當初，種種偏邪不經之事就可以防患於未然。不良家風一旦形成，敗壞門風之行一旦木已成舟，到那時再去後悔，再去花大力氣立規矩，已經來不及了。

《小象傳》說：「嫻習家務，嚴明家道，規矩立於當初」，這顯然說明初九治理家庭的意圖是希望首先有一個良好的開端，為了有效預防日後種種不虞之事的出現，才從美好的德化、嚴明的規矩裡求保證，以便未雨綢繆，長遠規劃，從大局著眼。

聖明的君王用他崇高的美德感化眾人，從而保有天下國家，這樣做不必憂慮什麼，一切都很吉祥。

《小象傳》說：「君王保有天下國家」，這說明在天下這個大家庭裡，你愛我，我愛你，就像在一個小家庭之中，父子、兄弟、夫婦之間，彼此相親相愛一樣。

誠實守信，說到做到，治理一個家庭既有威嚴，又有很高的情感信譽，這樣下來永遠都會平安吉祥。

《小象傳》說：「治理家庭既有威嚴，又有很高的情感信譽，因而吉祥」，這說明上九以陽剛之身處全家之上，在管教妻小晚輩的同時，又能反身自省，要求自己比要求他人還要嚴格。

歷覽古今多少事，成由艱難敗由奢。——明明知道一定會因「奢」而「敗」，卻依然如故還是要「奢」！天下帝王家也好，尋常百姓家也罷，自古以來，就要拿出治國的力氣來治家，英明如唐太宗，能救世濟民，卻治不好自家的家。

這乍一看很稀奇，卻是中國歷史上屢見不鮮的尋常事。原因究竟

在哪裡呢？財產所有制與婚制之間——只能去小心控制，卻無法從根本上消除——的矛盾，不僅使家庭一再出現禍亂，還要把本來穩定太平的國家一次次拖進深淵。

縱觀古今，凡達官貴人之家，大多好景不長，因其子孫逐漸驕奢淫逸，過不了兩三代，便門第沒落，日薄西山，氣息奄奄。惟獨曾國藩兄弟五人的家庭，至今一九〇餘年間，綿延至第八代孫，共出有名望的人才二四〇餘人，如此長盛興旺之家，在古今中外皆屬罕見。

曾氏家族之所以如此人才輩出，是與曾國藩良好的家風、嚴謹的家教、豐富的家庭藏書密不可分的。

常言道，身教重於言教，榜樣的力量是無窮的。曾國藩生長於一個勤儉孝友的大家庭，他自結婚後，生有子女，雖任侍郎、任總督、任大學士，直到封侯拜相，他的家庭生活仍然和青少年時期當農民一樣，克勤克儉，戒驕戒躁，從未絲毫驕奢，這是許多人都不易辦到的。

曾國藩的日常飲食，總以一葷為主，非客到，不增一葷，時人稱之為「一品宰相」。其穿戴更是簡樸，一件青緞馬褂一穿就是三十年。曾國藩出將入相，每天日理萬機，自晨至晚，勤奮工作，從不懈怠。主要公文均自批自擬，很少假手他人。晚年右目失明，仍然天天堅持不懈。他所寫日記，直到臨死之前一日才停止。其妻子女兒，跟他同住江甯（今南京）兩江總督府。他規定她們白天下廚做飯菜，夜晚紡紗織麻到十一點，日日夜夜如此，從未間斷。

「滾滾長江東逝水，浪花淘盡英雄。」鑒古觀今，許多達官貴人之家曾紅極一時，然而由於家教不嚴家風不正，往往好景不長，有如曇花一現。

古往今來，無數的教訓皆是觸目驚心的。然而曾國藩家族的眾多後裔恪守祖訓，人人刻苦自勵，自強不息，和窮苦子弟一樣克勤克儉操持家務，堅持體力勞動，發奮半耕半讀，因此能吃苦耐勞，從小便磨練出一副鋼筋鐵骨，加上知書達理，德才兼備，隨時可以對付種種惡劣的環境。

所以，歷經百年幾次改朝換代內戰外患天災人禍，惟曾氏書香門第欣欣向榮，人才輩出長盛不衰。曾國藩家族至今綿延至第八代，二四〇餘人中，大多成為教育界與科技界的名家大師，沒有出一個紈褲子弟。如此人才輩出的家族，確實值得整個中華民族細細研究，為之效法。

50

越是到了後來，越是需要堅持

六四，括囊，無咎，無譽。象曰：括囊無咎，慎不害也。

中國文化古代一般讀書人，講修養，講人生，自己做一輩子事業，最後退休了，晚年還鄉，檢討一下自己，沒有毛病，平安退回來了，往事不講，「英雄到老皆皈佛，宿將還山不論兵。」

歷史上許多人，地位很高，諸如宰相、大臣，年紀大了，告老歸鄉以後，自稱「括囊無咎」，這並不是說括一批鈔票，自己口袋裡裝起來，不出毛病。

中國有兩個字「囊」與「橐」，古代有口的布袋為囊，中間向兩頭都開口的布袋、背在肩上的為橐。括囊是口袋的口收緊，不是裝滿口袋，這是下半月二十三、四日的月亮，半個口袋，袋口收緊了，「無咎」，不會出毛病，但是亦「無譽」，沒有人恭維，既不被人譭謗，亦得不到別人恭維。

所以中國文化古代一般讀書人，講修養，講人生，自己做一輩子事業，最後退休了，晚年還鄉，檢討一下自己，沒有毛病，平安退回來了，往事不講，「英雄到老皆皈佛，宿將還山不論兵。」

這個現象就是把自己嘴巴閉起來了——括囊，既無咎，亦無譽，那麼這樣括囊無咎，慎重到了極點，沒有害處。

記得，一位高級主管官員巡視公務時，曾對高空建築作業的工人說：「我們的工作有個共同點，都是位高而不頭暈。」詼諧的語言道出了「清清醒醒為官、明明白白做人」的重要性。

面對金錢、權力、地位、美色等形形色色的誘惑，要擋住誘惑、耐住寂寞、守住清貧，是不容易的。要做到「頭不暈」，在我看來，關鍵在於在生活和工作做到慎微、慎欲、慎終，進而嚴於律己。

「慎微」。《明太祖寶訓．卷四》中云：「不慮於微，始貽大患；不防於小，終累大德。」慎微就是要防微杜漸，堅持做到「莫以惡小而為之」。

現在，一些個別公務人員把吃請一頓飯、喝一瓶酒、拿盒茶、拿條煙當作是無傷大雅的「小節」，認為只要不犯大錯誤，不搞大腐敗，犯點小錯誤，得點小實惠，社會會寬容、原諒。其實，任何人都不應該有「下不為例」的僥倖心理和「見好就收」的投機心理。

俗話說「小洞不補，大洞吃苦」、「千里之堤，潰於蟻穴」，不少原本優秀的主管之所以變得貪贓枉法、腐化墮落，往往是從吃一頓「便飯」、進一次舞廳、收一回「紅包」等「小節」開始，最終愈演愈烈，導致鋃鐺入獄或丟掉性命的。

因此，要警惕「小節」的潛移默化的腐蝕作用，從生活中一點一滴的「小節」入手，嚴於律己。避免由「小節」而演化成的大問題。

「慎欲」。有道是「壁立千仞，無欲則剛」。有些人在急難險重的任務面前敢打敢拼，但面對功名利祿卻心亂神迷；有些人平時溫文儒雅知書達理，但一涉足燈紅酒綠的場所就成了「迷途的羔羊」。歸根結底，皆因「欲望」作祟。欲望是個無底洞，古人說：「欲不除，如蛾撲燈，焚身乃止；貪無了，若猩嗜酒，鞭血方休。」

因此，應牢固樹立正確的人生觀、利益觀和價值觀，自覺抵制燈紅酒綠和各種腐朽思想文化的侵蝕，遏止私欲膨脹。在工作中不以「利益」為標準，不能盯著「榮譽」、「位子」來做工作，要淡泊名利，保持心態平衡。在生活上守住清貧，不貪圖安逸和享受，潔身自好，不斷強化思想道德修養。

「慎終」。常說「萬事開頭難」，其實能夠一以貫之地結好尾更難。

可見，做事業做貢獻，難在堅持到底，貴在堅持到底。有些公務人員之所以在臨近退休或離任的關頭心理失衡、晚節不保，沒有站好最後一班崗，就因為認為年齡已屆、職務到頭，「有權不用、過期作廢」，開始想撈點「實惠」，結果不僅給單位的事業造成損失，自己也身敗名裂。

完善自我，真正做到慎微、慎欲、慎終，關鍵要自重、自省、自警、自勵。要用先進的政治理論和科學知識武裝頭腦、淨化心靈，永保做人的本性。切不可一著不「慎」，滿盤皆輸。

51

想成就大事業，人心不可不得

雖盤桓，志行正也，以貴下賤，大得民也。

得民心者得天下，失民心者失天下。得道多助，失道寡助。仁者將流芳百世，而否者將遺臭萬年。這一不變的真理主宰了眾多偉大人物的命運。「問蒼茫大地，誰主沉浮」！仁者是也！

盤是大石頭，桓是草木，這個現象，是一塊大石頭壓在土地上，這土地就不能利用了，但土地的草木怎麼辦？從石頭的旁邊長出來了。桓則是草木虬結的現象，這樣的草木從壓著的大石旁長出，就是盤桓的現象。

後來在文學上，描述老朋友見面，陪著玩幾天，就說「盤桓幾日」，就是表示友情虬結不清，逗留一番。在這裡是說初九這一個陽爻，代表生命的生髮之根在下面，上面雖有那麼多陰爻像大石頭一樣壓在上面，可是這個要生髮的根，永遠是壓不住的，終於要盤桓出來。

這種現象是好事情，可是需要時間，需要等待，不可急。利居貞的居，就代表站穩在那裡，慢慢地等待，很正地等待，不能動歪腦筋，不能走邪路，等到石頭外面的草木成林了，變成觀光石頭，可以供遊人野餐了，更大一點可以利用了。

所以孔子說，雖然是虬結不清，但以整個卦象來講，中心思想是純正的、行為是純正的，那便沒有問題，不正就成問題了。但是如果這個卦象，以人生政治的道理來講，以貴下賤，這是很難做到的。

中國歷史上做領導人的有四個字「禮賢下士」，對人有禮而謙下，向不如己的人請教，就自然得到群眾的擁護，自然得到老百姓的擁護，大得民心。何以叫「以貴下賤」，在《系傳》裡講過，陽卦多陰，陰卦多陽，這個屯卦，是陰爻多、陽爻少，只有兩爻，物以稀為貴，而這個時候，最怕傲慢，所以說建設的事業，革命的事業，要以貴下賤，便大得民也。

《史記》裡記載過漢代伏波將軍馬援的傳略。說馬援小時候不喜歡四書五經，但習武非常有興趣，刀槍棍棒樣樣都通。馬援的哥哥知道要把弟弟往科舉的路上扯，是毫無意義的，便同意他習武。馬援長大後，自己去開闢一塊地方，養馬，種植，有點像現在的農場。後來，生產了許多糧食，他就把它分給朋友和當地人。到了起兵為國時，馬援一呼百應，很快就成為將領，而且屢立戰功，成為西漢時期不可多得的一員猛將。

馬援之所以成功，是因為他能夠立言，說話有人相信，能組成隊伍。他之所以能夠立言，是因為他仗義疏財，救助困危，有德。

在拜金主義猖獗的現在，重建中華民族的倫理道德，至誠至善，已是刻不容緩。勇挑重擔，樂善好施，知恩圖報，善於與人相處，等等，這些都是美德，都應該提倡。

得民心者得天下，失民心者失天下，古往今來無不例外。從秦皇、漢武、唐宗、宋祖、一代天驕成吉思汗這批中國封建皇朝開明君主的清明統治，到夏桀、商紂、秦二世、隋煬帝、李隆基的亡朝統治，直至當今世界的每一個執政黨治國安邦的成敗得失均能得到印證。

憶往昔，秦國由於商鞅變法而深得民心，受到廣大百姓的熱烈擁護支持，使變法獲得成功，為以後秦統一全國奠定了基礎。秦始皇一系列的鞏固統一措施使人民的生活得以安定，社會生產得以恢復和發展。

但是，由於秦始皇因修築長城而濫用民力，抓走壯丁以修長城，弄得人心惶惶，再加上秦朝賦稅沉重、法律嚴苛、刑罰殘酷，特別是秦二世的統治更加殘暴，使得民心向背，進而激起陳勝、吳廣的農民大起義。雖然到最後起義失敗，然而民心的喪失也使得秦朝走向衰亡。

再看曾「風華」一時的強盛的唐朝，自唐太宗因重視黎民百姓，能體會到「水能載舟，亦能覆舟」的深刻蘊意，所以體恤百姓，減輕徭役，使百姓安居樂業，進而開創了「貞觀之治」的強盛局面。

但唐玄宗後期一味貪圖逸樂，用人不當，政治昏暗腐敗；與此同時，激烈的土地兼併與藩鎮割據戰爭使百姓失去賴以生存的土地，加之高額租稅、連年的自然災害，使百姓陷入水深火熱之中。農民無所生存只能反抗給他們帶來沉重負擔的唐皇朝，唐皇朝在農民起義下土崩瓦解。

不望遠，再觀近的。清朝後期，外國侵略者把中國當作一塊肥肉，都想割一份。清政府的腐敗無能，使大好的中國河山受盡百般蹂躪，大片國土淪為殖民地。不甘受辱的中國人起來反抗無能的清政府，孫中山先生領導的辛亥革命完成了推翻中國封建皇朝這一使命。

縱觀史事，仁者幾何？凡暴君不外乎江山讓人，朝代被覆，甚至於身死他手；凡仁君不僅深得人心，受民愛戴，更能鞏固千秋大業。得民心者得天下，失民心者失天下。所謂仁者無敵，即籠絡百姓，將心比心。

論及仁者，我認為三國時期的甚多英豪皆可冠以此名。無論是劉備、曹操，還是孫權，三者都深得人心。

劉備也曾是位無名百姓，他對百姓疾苦的瞭解可謂切身。當他成了蜀軍之首、蜀國之君，也無時不考慮著自己的百姓。對手下的眾多才將，劉備視如己出，待之以禮。這也是他成為一代帝王，得以與另兩國對峙的重要因素。

曹操，不必多言，他是公認的梟雄。人知曹操愛才如命，凡是人才，曹操皆誠心相迎。無論是叛軍之才，還是敗軍之將，曹操無不投以欽佩愛惜之情。曹操的勢力得以壯大，是他對將之仁的成就。孫權，對百姓的關心與劉備不相伯仲。正是他對民之仁，使得東吳日益強大。民心相向，東吳能扮演「三國鼎立」之一角，正是於此。

得民心者得天下，失民心者失天下。得道多助，失道寡助。仁者將流芳百世，而否者將遺臭萬年。這一不變的真理主宰了眾多偉大人物的命運。「問蒼茫大地，誰主沉浮」！仁者是也！

然而，歷史終究過去，它留給我們的除了它的輝煌，更寶貴的是經驗及教訓。若「後人哀之而不鑒之，亦使後人而複哀後人也」。

作為後人的我們，不僅要得到這些經驗教訓，更要悉心鑒之，只有如此，才能自我進取，推動歷史的進步，成為歷史上的主宰者。得民心者得天下，我們不一定得到天下，但若我們是得民心的仁者，我們將得到比天下更珍貴的東西。

52 「隨時」者昌，「隨人」者亡

大亨貞無咎，而天下隨時。

好雨是知時節的雨，好人是知時適世以為務的人。——「識時務者為俊傑」。「時」生「務」，不知「時」則不知「務」。俊傑所識者，首當以「時」，因其「時」而務其「務」。若「務」不以「時」，碌碌無為，誤入歧途。

「隨時變通」，語出《周易．隨卦》卦辭。卦辭說：「大亨貞無咎，而天下隨時。」順時以動，人必隨之，動皆走正道，故上下悅從，這說明大亨通，也會發生錯誤，要「大亨通無咎」，則必準之於理，隨時變通。理在於上之隨下，則隨其下；理在於下之隨上，則隨其上；理在於泰，則隨其時之泰；理在於否，則隨其時之否，總之，要隨其時之所宜而變通。

趙子龍隨從劉玄德的道理很簡單：「良禽擇木而棲，良臣擇主而事」。自古以來，隨人就是

跟人。但是究竟跟什麼樣的人才能成就大業，這就頗費躊躇，需要有所抉擇。《隨》卦六三：「系丈夫，失小子」，或者不失為一種正當的抉擇。《隨》卦又說大丈夫為人所隨，假如真想當好一個成功的領導者，胸中就應該深懷「四德」：以善為先導是「元」德；暢通禮法是「亨」德；以義相和是「利」德；行正無邪是「貞」德。

關、張、趙、馬、黃隨從劉玄德，那麼劉玄德又隨從誰呢？按照《隨》卦的說法，不論誰隨誰，只要是人相隨，一概必須服從另一個不可逾越的原則：「天下隨時。」那就是說「隨時」高於「隨人」，為人所隨的人應當「隨時」。「隨時」高於一切！肩負重任，被天下共隨的人，無論如何不可以不隨時。只有隨其時，才能以其昭昭使人昭昭。所以《彖傳》才意味深長地說：「隨時之義大矣哉！」

隨時者生，隨人者死！

隨人者必然會迷失自己。

小和尚想跟老和尚學書法，老和尚說，從「我」字練起吧，並給小和尚提供了幾個前輩和名家們的「我」字帖。

小和尚練了一個上午的「我」字之後，揀自己比較滿意的一個「我」字，拿去讓師傅指點。老和尚斜乜了一眼說：太潦草了，接著練。

小和尚接著練了一個星期，自己也記不清究竟練了多少個「我」字了。便又揀幾個自己滿意的字，拿去讓師傅看。老和尚隨手翻了翻那幾個字，一邊背過身去一邊輕聲說：太漂浮了，接著練。

小和尚存住氣，接著練了半年，基本上能把前輩和名家們的幾個「我」字臨摹得惟妙惟肖了。便又拿去，請教師傅。老和尚靜靜地看了一陣那幾個字，拍拍小和尚的肩膀說：有長進，有出息，不過，還得接著練，因為你還沒掌握「我」字的要領。

受到承認和鼓勵之後，小和尚終於靜下心來，揣摩著師傅的開導，一遍遍、一天天地練下去。半年之後，小和尚又來找師傅了。這次他只拿來惟一的一個「我」字，不過，這個「我」字再不是泛寫和臨摹了，每個筆劃都是異樣的一種新寫法。很顯然，小和尚熟能生巧地練就、獨創了一種書法新體。

老和尚終於滿意地笑了，他意味深長地對小和尚說：你終於寫出自己的「我」、找到「自我」了。

好雨是知時節的雨，好人是知時適世以為務的人。——「識時務者為俊傑」。「時」生「務」，不知「時」則不知「務」。俊傑所識者，首當以「時」，因其「時」而務其「務」。若「務」不以「時」，碌碌無為，誤入歧途。

《乾》卦《大象傳》說：「天行健，君子以自強不息。」那麼君子怎樣才能做到「自強不息」呢？《乾．文言》：「終日乾乾，與時偕行」一語最為典要。康有為《論語注》釋「學而時習之」言之鑿鑿，心有獨到：「《白虎通》曰：『學者，覺也。……先覺覺後覺，後覺效先覺，……但時勢不同，則所學亦異。時當亂世，則為亂世學；時當升平太平，則為升平太平之學。禮時為大，故學亦必隨時而後適。』」

《易經》認為，你有了，也就意味著你無；如果你無，也許意味著你有。

這樣饒舌的說法，讓人雲裡霧裡，摸不清底細。但舉一個例子，你或許會明白。

比方說，你已經有了一隻手錶，就意味著你也許不會再擁有更好的手錶了。因為你已經有了，不再留意，不再爭取，所以就「沒有」了，只剩原來的這一隻。如果我現在沒有手錶，也許我明天會有一隻比現在好多人戴的還要好的手錶。因為我沒有，我會爭取，所以我會「有」。

我把這個道理向一個年輕人說過。他十分高興，對我說：那我現在沒有女朋友還是好事一樁，用不著愁眉苦臉。我說：是呵，你現在沒有女朋友，意味著你有在眾多女孩子中間選擇的權利；如果你已經有了，你就沒有了這種權利。

基於這認識，那麼，你「有」了，你又有什麼值得驕傲和自豪的呢？你「沒有」，你又有什麼值得自卑的呢？

況且，你有了，如果你稍稍疏忽，你就會變成了沒有。「大意失荊州」已經是一個歷史的證明。所以世上才有「創業難，守業更難」的說法。

如果你還沒有，那並不可怕，只要你真誠地去追求、去拼搏，總有一天，你會擁有。可怕的是，你沒有，你又沒有真誠去擁抱，那你真是什麼都沒有了！

弄通了這一點，我們做人做事就不會那麼浮躁和急躁了。急有什麼用呢？只能徒添煩惱，於事無補。

我們怎麼才做得「有」呢？

《易經》告訴我們，因應時勢。

你早起，你會擁有朝陽；你晚睡，你會擁有月亮。

需要等待的時候，你要等待。《易經》的《序卦》中說：「需者，飲食之道。」需，原來是指還幼小，需要養護。也就是說，時機還未成熟，力量還未足夠，只有等待。等待需要時日，也就要飲食。有時候，吃飯比急著做事好。如果你留意生活的時候，你會聽到一位老者對一位年輕人說：「急什麼呢？先吃飯。吃完飯再說。」這就是最形象的等機會，去爭取成功。大成者也就是「有」了。

有時候，為了「有」，就要斷然冒險。明知不可為而為之，那叫冒險。有些風險，對於個人

來說，是斷然冒不得的，代價太大了。但對於事業，對於更多人的生命來說，冒這個險卻是值得的。這是有無的轉換，小無大有。

《易經》裡有一個擊缶而歌的場面甚是悲壯。說一個老者面對黃昏敲著陶而歌唱：我從哪裡來，就回歸到哪裡去。

你曾經擁有過，到最終你就會沒有。——這是人生的法則。

人生是一個有有無無的過程。即使你有了，你又有什麼值得驕傲？即使你沒有，你又有什麼值得自卑？

有就要倍加珍惜。沒有就要真誠擁抱。也僅僅是如此而已。

魯國一家姓施的有兩個兒子，其中一個學文，一個學武。

學文的兒子用自己的道理，打動了齊侯。齊侯挽留他擔任了教導諸公子的太傅。學武的兒子到了楚國，向楚王講述了自己的韜略，楚王高興地請他留下協理軍政。

施家二子功成名就，以致全家富貴，九族榮耀。

他們的鄰居孟家，也有兩個兒子，也分別習文就武，但卻一直窮困潦倒。

孟家很羡慕施家的富有，就登門請教。施家二子如實相告。於是，孟家學文的兒子跑到秦國，向秦王鼓吹仁義。不料，秦王聽了很生氣，說：「如今諸侯稱霸，武力相爭，我們應該致力於耕戰。如果用你的那套仁義治理我們國家，就會走上滅亡的道路。」說罷，下令將他處以宮刑，趕出秦國。

另一個學武的兒子投奔衛國，向衛侯大談強兵之道。衛侯很反感，氣惱地說：「我們是弱小國家，又處在幾個大國之間。對大國，我們恭順禮貌；對小國，我們愛護幫助。這才是保持和平、求得安全的正確策略。如果照你所說的，去興兵動武，很快就會滅亡。今天如果讓你全軀而歸，跑到其他國家，蠱惑人心，窮兵黷武，一定會給我們造成很大的危害。」於是，下令剁掉他的足，攆回魯國。

孟家二子回到家裡，父子三人一起來到施家，拍著胸膛責罵。

施家問明情況，感慨地說：「凡識時務的人，就能一帆風順；反之，不識時務，就要慘遭失敗。您兒子學的和我們一樣，而結果卻和我們相反，就是因為他們不識時務，並非做法有什麼錯誤啊！」

有時你並不知你的路該如何走，但你至少有感覺你內心的嚮往，或者你會有經常重複的夢吧。從你成熟的那一天開始，你所求的不再是受別人的限制，對別人的依附。你所求的是自我的認識和實現，我是誰，我是什麼，我做了和得到了什麼。別人只是幫你認識你自己的媒介。你的價值是通過別人實現，而非通過和別人比較而體現的。

53

大事講原則，小事要靈活

可小事，不可大事……不宜上，宜下

做事沒有原則，或者太堅持原則，兩者都不可取。人如果太固執、太偏執，就是道德與精神的不正。那些一味以為自己堅持原則的人，到頭來一個擁護的人也沒有，成了孤家寡人。

《易經》說，做事沒有原則，或者太堅持原則，兩者都不可取。

人如果太固執、太偏執，就是道德與精神的不正。那些一味以為自己堅持原則的人，到頭來一個擁護的人也沒有，成了孤家寡人。

《易經》節卦的卦辭裡就說：「苦節不可貞。」本來，節是可以亨通。因為水流入澤中，過度就會溢出。節制是一種美德。天地因為有了節，才有四時的生成；社會也因為有了節，才有了制度規則。但你一味節制，或者利用這種節制傷害人民，那就不可取了。

再比方，同是節卦的爻辭「不出門庭，凶」。它的「象」（其實原指意象，通「相」。一般人指看相的「相」）曰：「不出門庭，凶；失時極也。」這裡指的是懶惰與保守。該走出門庭的時候，你還沒有走出去，極端地失去了時機。機會抓而不緊等於不抓。

再有，歸妹卦的卦辭說：「歸妹，徵凶，無攸利。」這裡說的，嫁妹凶（春秋時期，有正夫人的妹以介婦的名義，與妹一起出嫁，這叫「從嫁為妾」的風俗，兩女一夫。但妹的行為要有所規範，在姐之下）。妹嫁了，為什麼凶？這裡面的一個爻象：妹主動向男的行動，有違婦隨夫唱的原則。一說，則是指男的入贅到女方家裡。

這裡的例子，主要講了一個如何對待原則和規則的事。有違原則和規則的事，前往必定是凶，不會吉。

中正、原則，而又靈活。這才是人的道德與精神所在，是為人處世的本錢。任何僵硬、死守和貪欲，都是一敗塗地的根源。

如何將原則性與靈活性結合起來是一個說來容易做來困難的問題。在處理人際關係問題時要做到「大事講原則，小事要靈活」。

其實，一件小事如果事關自己的品德、名譽、事業、前途，就是當然的大事。你不必為不能得到別人的尊重而黯然神傷，因為別人如何對待你，恰是你暗示別人可以那樣對待你的——你

的謙卑與忍讓的心理都會一覽無餘地寫在臉上，讓人家可以不考慮是否會傷害你；相反，人的獨立和尊嚴，也會以不可忽視的神韻令人敬畏，從而對你不敢胡為。

有原則的人，行事果斷，寬宏大量，有一種獨立、有個性、魅力的感覺。沒原則的人，表現出斤斤計較、優柔寡斷、瞻前顧後，讓人感到愚俗而不可靠。

寧缺毋濫是一個原則，非精品不看，非極品不要。堅持這種原則的精神難能可貴，表現給人看的也許是清高自傲、高處不勝寒；倒給別人聽的多是無奈、曲高和寡。身心感受的是若即若離的情感，結局多是人獨自消瘦，無助於人。當然，也確有奇人雅士，像海鷗一樣，潔白無雜，不落平地，能盤旋高空，剎那間直入水下，只食活魚。

愛我所愛是一個原則，美麗、可愛、有個性、可心、有感覺、有靈犀、夠勇敢，足以讓我心動。我必用所有特長、心機去贏得所愛，縱然傷痕累累，也在所不惜。有心機的人，對自己嚮往的生活和伴侶都有個模式，故會有執著的心和不屈不撓的精神。通往目的地的路是連續的，也許有些彎曲、迂回，但大方向是一直往前的。

生活的軌跡浪漫離奇，即使平淡，也會無以倫比。也許像雄鷹，眼神俯視，展翅蒼勁，從不言敗，所向披靡。也許似天鵝，眼神憂鬱，飄遊儒雅，臨終的吶喊告知天下失去愛的無奈。

原則像路一樣，有人沿著修好的路走，有人要走出自己的路。可愛的人不一定需要堅持原則，可敬的人離不開原則。不計較、易妥協、大智若愚的人是可愛吧，那是你沒有違犯其根本原則；當你的為所欲為讓其不高興時，你會體會到其威嚴讓你敬畏。

做人應該有原則，不要嚴酷得讓人望而生畏，也不要和藹得讓人膽大妄為。

大事有原則，小事要靈活，為人處世，就是不能拘泥形式的，該圓時圓，該方時方，需要有任意形狀時，也無不可，這樣才能做到圓潤通達。方圓的意思，就是中規中矩，它們是在圓規和矩形板的限制下畫成的圖形，代表著做人行事的基本規則。但同時，由於世事的千變萬化、人的多樣面孔，一個人為人處世總要能與外界相適應才成，一個面孔對外，完全的規規矩矩，一成不變，就會拘泥不化，作繭自縛。

孫武嘔心瀝血，著成《孫子兵法》，然而每次作戰卻都要脫離兵書，注意權變。趙括用兵，依葫蘆畫瓢，死守兵法規則，不知融會權變，二十萬大軍戰敗被活埋，是勢成

富才華位列三王登首座
美感應澤沾萬姓煥新宮

必然了。

辯證法認為，任何事物的發展都存在著必然性和偶然性，二者是相互統一的。必然性是本質，構成了事物發展的規律、規則和趨勢；而偶然性則是事物發展中某一時空的具體行為，具備千變萬化、靈活多樣的特性，忽視偶然性的存在也就忽視了事物的個性，世界就會停止。孫武的用兵，能將規則的必然性與戰術運用的偶然性靈活地結合起來，因而百戰不殆。趙括的用兵則死守規則的必然性，因而只能紙上談兵，一戰而歿。

俗話說：「識時務者為俊傑」。所謂「識時務」，即指能夠把握事情發展的規則，能夠洞察當時的情勢，並能據此結合自己所處的境地，採取權變之策，集天時、地利、人和優勢，發揮自己的聰明才智，義無反顧地投入到社會發展潮流中開創一個嶄新的天地，這樣的人，才能稱之為俊傑。

規則源於生活，生活的多姿多彩也要求採取規則行事的靈活性。

54

但行好事莫問前程

將水井修治完善，沒有咎害

但做好事，但修其身，只要能把你這口「井」修好，便可以告慰天人、告慰本心了，至於往後能否得志見用，那就不必去多慮了。

意思是說，但做好事，但修其身，只要能把你這口「井」修好，便可以告慰天人，告慰本心了，至於往後能否得志見用，那就不必去多慮了。

這就是《系辭下》：「井，德之地也。……井以辨義」的深層含義。作為一個政治的、道德的和倫理的標度，如此之《井》，已經不再是平凡的實存之物，已經不再是凡人的日用之器，它是立於實存之物上面的理，它是由日用之器昇華出來的道，它於煙火嫋嫋的村寨幻化出自己盡善盡美的身影，告別了村社農舍而榮登聖門龍庭。

一個當國者，必當以如此這般的理念為道德命令；一個欲求大有天下的人，必當以如此這般

的美德來修持自己的德性。總之，一個同樣是凡人的人，在道義上他就理應成為濟民養物直到永遠的——井！

《易》之為言，素以象喻，故而《井》卦卦辭：「改邑不改井，無喪無得，往來井井」，全是一語多關。它們既是對井的經驗陳述，又是在闡述井之為井的當然之理。

人群聚居之地可以變換，城頭上的大王旗可以變換，江山社稷也可以頻繁更易，然而只有一竿子到底的水井威武不屈，貧賤不移，浩然成為滾滾紅塵中的中流砥柱。

縱然歷經千秋萬代，任隨地老天荒，只要你是大有天下的君王，就應當像只作奉獻不事索取的水井那樣，敬德保民，育養萬物。人君之施其德也，「井養而不窮」，水井立身大地，損之又損而無喪，益之又益而不盈，時時以湧泉相報無數來者。

所以，但行好事莫問前程。

中國有句俗語叫「知恩圖報」，勸誡人們受到他人的恩惠要找機會報答。還有一句話為：受滴水之恩應報之以泉湧，說的是要加倍回報他人的恩惠。然而我們只能用這些古訓來要求自己，對於那些不懂得「知恩圖報」的人，我們只能說他們不近人情，如果不想再「施惠」給他們，遠離他們就是了。

但是，當談到回報，想想在我們自身的生活經歷中，還有多少「回報」尚待我們去做，而又

有多少「回報」是我們永遠無法完成的功課呢？

還有，那些在旅途中無私幫助我們脫離困境卻不留姓名的人；那些在我們人生的轉捩點上助我們一臂之力的人……仔細地回想過去，談不盡那許許多多好心人的幫助。

鮮花、禮品甚至金錢，都不足以報答他人在關鍵時期給與我們的恩惠。

中國民間的《增廣賢文》中有一句話，曰：「但行好事，莫問前程」。如果我們想做好事，就用這句話來勸誡自己，莫想「回報」二字。

人生在世，每個人都有受他人恩惠的經歷，但卻不一定都有機會完成「回報」的工作，所以能有機會施惠予人而不求回報，不也是一種快樂嗎？

付出就會有回報的。回報的形式是不一樣的。有精神的有物質的，有明顯的有潛在的，要正確對待。俗話說得好呀：善有善報，惡有惡報，不是不報，時辰未到，時辰一到，善惡都報。

積善之家有餘慶，積惡之家有餘殃。善欲人知不為善，惡恐人知實為惡。我們的付出有時雖然暫時得不到回報，也是正常的，有時人的讚譽也是聽不到的，但是我們在心理坦然就是回報。也就是說為人不做虧心事，半夜敲門心不驚。我們可以安穩地休息就是一種潛在的回報。

文經閣　圖書目錄

典藏中國：

01	三國志 -- 限量精裝版	秦漢堂編著	定價：199 元
02	三十六計 -- 限量精裝版	秦漢堂編著	定價：199 元
03	資治通鑑的故事 -- 限量精裝版	秦漢堂編著	定價：249 元
04	史記的故事 -- 限量精裝版	秦漢堂編著	定價：249 元
05	大話孫子兵法 -- 中國第一智慧書	黃樸民　著	定價：249 元
06	二十四史 -- 速讀 --- 上下	汪高鑫李傳印	定價：760 元
07	速讀 -- 資治通鑑		

人物中國：

01	解密商豪胡雪巖《五字商訓》	侯書森編著	定價：220 元
02	睜眼看曹操 - 雙面曹操的陰陽謀略	長　浩編著	定價：220 元
03	第一大貪官 - 和珅傳奇（精裝）	王輝盛珂著	定價：249 元
04	撼動歷史的女中豪傑	秦漢唐編著	定價：220 元

智慧中國

01	莊子的智慧	葉　舟編著	定價：240 元
02	老子的智慧	葉　舟編著	定價：240 元
03	易經的智慧	葉　舟編著	定價：240 元
04	論語的智慧	葉　舟編著	定價：240 元
05	佛經的智慧	葉　舟編著	定價：240 元
06	法家的智慧	張　易編著	定價：240 元
07	兵家的智慧	葉　舟編著	定價：240 元
08	帝王的智慧	葉　舟編著	定價：240 元
09	百喻經的智慧	魏晉風編著	定價：240 元
10	道家的智慧	張　易編著	定價：240 元
11	菜根譚人智慧	魏晉風編著	定價：280 元

文經叢書

01	影響世界歷史的100名著 - I	胡作玄編著	定價：220元
02	影響世界歷史的100名著 - II	胡作玄編著	定價：220元
03	37位名作家的心靈書坊	博覽群書雜誌	定價：240元
04	假如給我三天光明	海倫凱勒	定價：200元
05	名女作家的背後	楊翠屏　著	定價：200元

中華經世方略

01	權商合璧 -- 呂不韋投機方略	秦漢唐編著	定價：230元
02	武霸天下 -- 秦始皇創業方略	秦漢唐編著	定價：230元
03	亂世奸雄 -- 曹操造勢方略	秦漢唐編著	定價：230元
04	楚漢爭霸 -- 劉邦用人方略	秦漢唐編著	定價：230元
05	貞觀盛世 -- 李世民創世方略	秦漢唐編著	定價：230元
06	紅顏至尊 -- 伍則天統馭方略	秦漢唐編著	定價：230元
07	鐵血建軍 -- 朱元璋成事方略	秦漢唐編著	定價：230元
08	外柔內剛 -- 雍正隱忍方略	秦漢唐編著	定價：230元
09	內聖外王 -- 曾國藩用世方略	秦漢唐編著	定價：230元
10	紅頂商人 -- 胡雪巖經商方略	秦漢唐編著	定價：230元

文經書海

01	厚黑學新商經	史　晟編著	定價：169元
02	卓越背後的發現	秦漢唐編著	定價：220元
03	中國城市性格	牛曉彥編著	定價：240元
04	猶太人新商經	鄭鴻　編著	定價：200元
05	千年商道	廖曉東編著	定價：220元
06	另類歷史 - 教科書隱藏的五千年	秦漢堂編著	定價：240元
07	跨世紀台灣洪門概況	刁平　著	定價：280元

國家圖書館出版品預行編目資料

易經的智慧/ 葉舟 編著--

一版. -- 臺北市 :廣達文化, 2005[民 94]

面 ; 公分. -- （文經閣）

ISBN 957-713-291-X(平裝)

1.易經 - 研究與考訂 2. 人生哲學

121.17 94016825

書山有路勤為徑
學海無涯苦作舟

易經的智慧

作　者：葉　舟　編著

出版者：廣達文化事業有限公司
文經閣
Quanta Association Cultural Enterprises Co. Ltd
編輯執行總監：秦漢唐

發行所：臺北市信義區中坡南路 287 號 5 樓
通訊：台北郵政信箱 51-83 號
電話：27283588　傳真：27264126
劃撥帳號：19805171
戶名：廣達文化事業有限公司
E-mail：siraviko@seed.net.tw
www.quantabooks.com.tw

製　版：菘展製版有限公司
印　刷：大裕印刷排版公司
裝　訂：秉成裝訂有限公司
上　光：全代上光有限公司

代理行銷：創智文化有限公司
臺北縣中和市建一路 136 號 5 樓
電話：22289828　傳真：22287858

一版一刷：2005 年 12 月
一版七刷：2006 年 7 月

定　價：240 元

文經閣

文經閣